Generis

PUBLISHING

I0124964

Les impacts de la COVID-19 et les stratégies de survie de la population de N'Djamena

NANCHE BILLA ROBERT
MONTANAN YAN DJIMALTAN

Copyright © 2022 NANCHE BILLA ROBERT, MONTANAN YAN DJIMALTAN
Copyright © 2022 Generis Publishing

All rights reserved. This book or any portion thereof may not be reproduced or used in any manner whatsoever without the written permission of the publisher except for the use of brief quotations in a book review.

Title: **Les impacts de la COVID-19 et les stratégies de survie de la population de N'Djamena**

ISBN: 979-8-88676-015-6

Author: NANCHE BILLA ROBERT, MONTANAN YAN DJIMALTAN

Cover image: Author

Publisher: Generis Publishing
Online orders: www.generis-publishing.com
Contact email: info@generis-publishing.com

DEDICACE

A

Tous les victimes de la COVID-19

REMERCIEMENTS

Nous adressons nos remerciements à tous nos informateurs. Il est question des personnels de l'Hôpital Provincial de Farcha ainsi que la population de la ville de N'Djamena pour leur confiance et leur collaboration à travers les données fournies pour la rédaction de ce travail scientifique.

TABLE DES MATIERES

SIGLES ET ACRONYMES

SIGLES

APE	Association des Parents d'Elèves
BDT	Brasseries du Tchad
CCU	Centre Catholique Universitaire
CTM	Classification Internationale des Maladies
HG	Hypothèse Général
HS	Hypothèse Spécifique
ICTV	International Committee on Taxonomy of Virus (Comité International de la Taxonomie des Virus CITV).
IDE	Investissement Direct à l'Etranger
IFT	Institut Français du Tchad
GBM	Groupe de la Banque Mondiale
NU	Nations Unies
OCDE	Organisation de Coopération pour le Développement Economique
OIM	Organisation Internationale des Migrants
OIT	Organisation Internationale du Travail
OMS	Organisation Mondiale de la Santé
ONU	Organisation des Nations Unies
OST	Organisation Scientifique du Travail
PCR	Polymerase Chain Reaction (Reaction en Chaine par Polymérase)
RH	Ressources Humaines
SMA	Société Moderne des Abattoirs
SPSS	Statistical Package for Social Sciences
UNHCR	United Nations High Commission for Refugees (Haut-Commissariat des Nations Unies pour les Réfugiés).
USPPI	Urgence Sanitaire de Portée Publique Internationale

ACRONYMES

CEFOD	Centre d'études et de Formation pour le Développement
COVID-19	Coronavirus Disease 2019 (Maladie à coronavirus 2019)
FAO	Organisation des Nations pour l'alimentation et l'agriculture
INSEED	Institut National de la Statistique, de l'Etude Economique et Démographique.
OCHA	Office for the Coordination of Humanitarian Affairs (Bureau de la Coordination des Affaires Humanitaires)
MERS-COV	Middle-East Respiratory Syndrome Coronavirus (Coronavirus du Syndrome Respiratoire du Moyen-Orient).
PAM	Programme Alimentaire Mondial
PNUD	Programme des Nations Unies pour le Développement
SARS	Severe Acute Respiratory Syndrome (Syndrome Respiratoire Aigu Sévère)
SARS-COV-2	Severe Acute Respiratory Syndrome of Coronavirus 2 (Coronavirus 2 du Syndrome Respiratoire Aigu Sévère).

GLOSSAIRE

Coro: une tasse qui permet de mesurer les denrées alimentaires tels que le riz, le haricot, la farine, etc.

Un tour KO: une expression utilisée pour désigner la boule.

Clando: une activité, la pratique de la mototaxi.

Clandoman: un nom qui dérive du mot clando et donné à celui qui pratique ou fait la mototaxi.

Tchouk-tchouk: terme utilisé pour désigner les « petits à côté », les bricolages

Gassi: terme qui signifie difficile, compliquée.

Docteur tchoukou: nom donné à ceux qui vendent les médicaments au bord des rues ou dans les trottoirs

LISTE DES TABLEAUX, GRAPHIQUES ET FIGURES

LISTE DES TABLEAUX

LISTE DES GRAPHIQUES

LISTES DES FIGURES

Préface

J'ai le plaisir d'écrire la préface de ce travail de recherche. D'abord parce que, le sujet qui est d'actualité s'attarde sur une crise sanitaire (COVID-19) qui sévit dans le monde depuis 2019 et plus encore parce que son texte peut être exploité dans le monde scientifique, les gouvernements et les Organisations Non Gouvernementales, pour protéger et soulager les populations contre cette crise sanitaire.

La rigueur méthodologique des auteurs est à mentionner. La méthode mixte séquentielle explicative a été utilisée pour collecter et analyser les données; méthode que peu d'auteurs osent aborder. La technique de l'échantillonnage multi-étapes et la technique boule de neige ont été également utilisées. Après avoir choisi de manière aléatoire les arrondissements administrés, les auteurs ont procédé par la méthode quota et le nombre de questionnaires administrés dans chaque arrondissement était déterminé par la taille de sa population. La ville de N'Djamena a été ainsi divisée en grappes (quartiers) et un certain nombre de grappes ont été sélectionnées par hasard pour représenter la population totale. Les unités incluses à l'intérieur des grappes sélectionnées ont été englobées dans l'échantillon. Enfin la méthode systématique aléatoire a été appliquée pour sélectionner les enquêtés.

Les resultats de cette étude indiquent que la crise a significativement réduit le revenu de 66% de la population, leur nombre de repas journalier, l'accès aux moyens de transport et l'éducation des enfants. Pour faire face à cette crise, la population pratique les petits commerces et d'autres activités comme le jardinage, le *clando*, le métier de gérant de bar, la menuiserie etc. Ces résultats peuvent être exploités par le gouvernement pour améliorer les conditions de vie de la population de N'Djamena.

Pr Aoudou Doua sylvain
Vice Doyen de la Programmation et Suivi
Faculté des Arts, Lettres et Sciences Humaines
Université de Maroua

INTRODUCTION GENERALE

Le monde est sérieusement pris au dépourvu par une pandémie qui secoue tous les pays et modifie les modes de vie de toute la population mondiale. Plusieurs expressions à savoir: le confinement, la distanciation sociale, le masque et bien d'autres sont entrées dans le vocabulaire commun (Medali et Houndjo, 2020). Tout ceci est le fait d'une toute nouvelle maladie, la Covid-19. Cette dernière est une épidémie infectieuse contagieuse causée par le coronavirus 2 du Syndrome Respiratoire Aigu Sévère (SARS-CoV-2) et qui fit son apparition en Chine et plus précisément à Wuhan. Cependant, ce qui était initialement une épidémie géographiquement restreinte s'est transformée en une pandémie touchant plusieurs personnes non seulement dans toute la Chine mais aussi à travers le monde. Et cela est dû aux flux de déplacements que le nouvel an chinois du 25 janvier a induit à travers le monde (Moyou, 2021).

A ce jour 20 Septembre 2021, le monde a enregistré 229 260 595 personnes contaminées, 4 704 927 décès suite à la Covid-19 et 205 879 944 personnes guéries et 99 204 cas critiques. La Chine, l'épicentre de la maladie a enregistré 95 689 cas confirmé, 4 636 décès, 90 126 guéries et 9 cas critiques. Le Tchad quant à lui, a enregistré 5 029 cas au total, 174 décès, 4 837 guéries et 0 cas critique (Worldometers, 2021).

Touchant plus de 180 pays, l'Organisation mondiale de la santé (OMS) a qualifié l'épidémie le mercredi 11 mars 2020 de « pandémie » à cause de son niveau alarmant et de la sévérité de sa propagation dans le monde entier (Medali et Houndjo, idem). C'est aussi suite à la flambée de la maladie que le directeur général de l'OMS, Ghebreyesus (2020) a mentionné que cette épidémie de coronavirus dont l'épicentre se trouve en chine et qui a fait au moins 170 morts constitue une urgence de santé publique de portée internationale [USPPI].

En effet, « la Covid-19 est partout, littéralement et en 2020, sa propagation et son impact sur les populations de toutes les régions du monde ont conduit à une crise mondiale d'une portée et proportion sans précédent » (l'ONU info, 2020). Beaucoup de pays ont été pris par surprise et ne s'attendaient pas à une pandémie avec de telle ampleur. C'est pourquoi Ghebreyesus (2020) disait dans ses propos que cette pandémie est une crise sanitaire comme on n'en voit qu'une par siècle et ses effets seront ressentis pour les décennies à venir. Ce qui justifie: « la mise en place d'une procédure de confinement dans de nombreux pays (plus de 4,5milliards de personnes concernées) entrainant la fermeture des frontières, un brutal ralentissement des échanges commerciaux et de l'économie mondiale »

(Novethic, 2020). De ce fait, le Programme des Nations Unies pour le Développement nous fait savoir que cette crise qui se vit aujourd'hui ainsi que tous les défis à surmonter collectivement ne peuvent se comparer à aucune situation survenue depuis plus d'un siècle (PNUD, 2020).

La maladie à coronavirus ne connait pas de frontières. Elle menace tout le monde. En plus de la menace qu'elle représente pour la santé publique, les bouleversements économiques et sociaux menacent les moyens de subsistance et le bien-être des individus. Le Haut-Commissariat des Nations Unis pour les Réfugiés, l'UNHCR (2020) de son côté, stipule que la pandémie de la Covid-19 met en danger tous les habitants de la planète y compris les réfugiés et les autres personnes déracinées par les conflits et la persécution. Tous les pays et secteurs sont impactés sans exception.

L'Organisation Internationale du Travail estime que 195 milliards d'emplois pourraient être perdus. La Banque mondiale quant à elle prévoit une baisse de 110 milliards de dollars des envois de fonds cette année. Ce qui pourrait signifier que 800 millions de personnes ne pourront pas subvenir à leurs besoins essentiels (PNUD, 2020). Ainsi, en perdant leur emploi suite à cette crise sanitaire, ces personnes ont perdu leur principale source de revenu et donc leur moyen de subsistance.

En réponse à cette situation, le Programme des Nations Unies pour le Développement mène de son côté la réponse socio-économique des Nations Unies au côté de la réponse sanitaire de l'Organisation Mondiale de la Santé et du plan d'action humanitaire global, le tout dirigé par les coordonnateurs résidents des Nations Unies. Il aide les pays à réagir d'urgence et efficacement à la Covid-19 dans le cadre de sa mission d'éradiquer la pauvreté, de réduire les inégalités et de renforcer la résilience aux crises et aux chocs (PNUD, 2020). De son côté, l'UNHCR renforce actuellement son action dans les domaines de la santé, de l'eau, des équipements d'assainissement et d'hygiènes afin de protéger les réfugiés et les déplacés internes.

C'est dans ce contexte marqué par la crise sanitaire de la Covid-19 où les pays du monde se trouvent dans une situation désastreuse compte tenu de ces impacts qui ne cessent de s'accroître que le Tchad se trouve aussi atteint. C'est ainsi que le 19 mars 2020, un premier cas positif a été détecté au Tchad sur un étranger maghrébin d'origine marocaine, âgé de 28 ans résidant et travaillant à N'Djamena et de retour d'un voyage de congé à Douala (Cameroun). S'en est suivi des cas importés et un mois plus tard, des cas positifs à la Covid-19 apparaissent dans la population.

En outre, l'introduction de la maladie sur le continent africain y compris le Tchad constitue une menace avec des répercussions importantes sur le plan sanitaire et socio-économique que cela entraine, compte tenu de la situation plus vulnérable du continent vis-à-vis de telles menaces. Ainsi, les petites nations insulaires fortement tributaires du tourisme font face à des hôtels vides et des plages désertes (PNUD, 2020). Ce qui entraine une perte d'emploi pour les employés et une perte pour l'économie.

Cependant, jusque-là en ce qui concerne le Tchad, il n'y a pas encore d'études proprement scientifiques effectuées sur les stratégies de survie de la population de la ville de N'Djamena nées à partir de cette crise sanitaire puisque récente excepté les recherches menées par les scientifiques pour mettre sur pied des vaccins ainsi que des mesures et des moyens mis en œuvre par l'État afin d'éradiquer cette pandémie. Les quelques études effectuées au Tchad se sont le plus penchées sur les impacts de la pandémie de la Covid-19, les moyens et les mesures mises en place par l'Etat pour contrecarrer la propagation. Et ce sont beaucoup plus des études et des rapports des Organisations Non Gouvernementales (ONG), les écrits faits par les journalistes c'est-à-dire la presse écrite. De ce fait, la ville de N'Djamena constitue encore un terrain inédit pour mener des études et recherches sociologiques. Cet état de fait constitue un intérêt supplémentaire pour étudier en profondeur les stratégies de survie de la population de la ville N'Djamena.

C'est aussi dans ce contexte que se trouve l'originalité de notre étude qui a pour but de montrer les impacts de la crise sanitaire de la Covid-19 sur le plan sanitaire, politique, économique et social; de mesurer le niveau d'adhérence de la population de la ville de N'Djamena face aux mesures prises par l'État et enfin d'identifier les stratégies de survie de la population de N'Djamena. Voilà pourquoi nous formulons notre sujet en ces termes: **« Stratégies de survie de la population de la ville de N'Djamena face à la crise sanitaire de la Covid-19».**

PROBLEME

La récente crise sanitaire de la Covid-19 a eu et continue d'avoir depuis des mois des impacts considérables. Elle a ainsi entrainé des changements et touché toutes les couches sociales, a ralenti toutes les activités et a engendré la fermeture des frontières terrestres et aériennes, des écoles, des universités, des églises, des mosquées, des bars et autres lieux de loisirs, des marchés, des organisations, des entreprises.... C'est allant dans ce sens que Guteress (2021) dans ses propos disait:

> Cela fait un an depuis le début de la pandémie de la Covid-19 que notre monde est confronté à un tsunami de souffrances. Tant de vies sont perdues. Les économies sont bouleversées et les sociétés sous le choc. Les plus vulnérables souffrent le plus et ceux qui sont laissés de côté le sont encore plus.

Dans son rapport, le Bureau de Coordination des Affaires Humanitaires (OCHA, 2020) nous révèle que la pandémie a eu de lourdes conséquences sur le Tchad. Les grosses sociétés telles le Coton-Tchad et les sociétés des télécommunications et l'éducation ont été sérieusement affectées par la pandémie. Les enfants et les jeunes ne vont plus à l'école et l'enseignement à domicile est devenu la nouvelle norme. *« Du côté des enseignants plus de 50 000 d'entre eux sont au chômage »* (OCHA, 2020.). Ce qui explique le nombre élevé de chômeurs (alors qu'ils ont des familles à prendre en charge). Le rapport de préciser aussi qu'au niveau de l'enseignement fondamental et de l'enseignement supérieur, le manque à gagner pour les enseignants vacataires est estimé à 3,3 milliards de FCFA. De même, l'étude montre que l'arrêt des classes aura donc plus de conséquences futures sur le capital humain, avec pour effet l'impact sur la compétence et la productivité.

En effet, l'on a eu à constater qu'en ce temps de crise, il nait une distanciation sociale, conséquence de la mesure de distanciation physique. De ce fait, les rapports sociaux sont devenus complexes et la notion de solidarité qui caractérisait jadis la population de N'Djamena n'a plus son sens de nos jours. Il découle de cette situation, de nouveaux types de comportements à savoir: l'individualisme, la psychose dans l'esprit des gens, la panique, la méfiance des individus les uns à l'égard des autres. On assiste aussi à une augmentation du prix des bus commerciaux et la cherté de vie. Bref « les temps sont devenus durs ». La crise bouleverse ainsi le quotidien de la population et entraine des changements sur son mode de vie.

En outre, pour certaines personnes, cette maladie n'existe pas et qu'elle est juste une invention humaine afin de bénéficier des fonds octroyés par l'OMS aux pays atteints par la pandémie de la Covid-19. Pour d'autres par contre, elle existe réellement puisqu'elle fait des victimes. Cependant, le constat est là et la crise sanitaire de la Covid-19 est bien réelle et non une invention comme le disent certaines personnes. Face à l'existence de cette maladie, chaque pays doit agir immédiatement pour se préparer, répondre et se relever. Il y a donc urgence pour l'Etat tchadien de mettre sur pied des stratégies, des mesures afin de palier et de contrecarrer la propagation de la pandémie. Comme réponse à cette crise sanitaire, l'État tchadien prend et continue de prendre des mesures. Néanmoins malgré tous les moyens et les mesures mis en œuvre pour palier à cette maladie, elle persiste toujours et de nouveaux cas se font découvrir. Et face à ces mesures, la population de N'Djamena met sur pied des stratégies afin de les contourner. Ainsi, l'Etat continue de prendre des mesures et à la population de mettre sur pied des stratégies pour les contourner.

PROBLEMATIQUE

La pandémie de la Covid-19 est d'actualité et au centre des débats et des préoccupations politique, sanitaire, sociale et scientifique. Cet intérêt relève du fait qu'elle est « *la crise globale de notre époque et le plus grand défi auquel nous ayons été confrontés depuis la seconde guerre mondiale* » (PNUD, 2020). Elle a ainsi des impacts sanitaire, politique, économique, social dévastateurs qui, laisseront de profondes « blessures » dont les cicatrices tarderont à s'effacer. « *Tous les jours, des emplois et des revenus sont perdus, sans aucun moyen de savoir quand il y aura un retour « à la normale »* (PNUD, 2020). Ce qui confirme que « *les temps sont ndjindja* » *(*Ela, 1998*).* Elle est à l'origine de la mauvaise situation que traverse actuellement les pays, a provoqué des changements et bouleverse le mode de vie de leur population.

Cette question de la crise que traversent les pays interpelle et continue d'interpeller le monde dans la mesure où elle impacte leur économie et influence la politique, le social, les rapports sociaux, etc.

Pour Roy (2020), ces périodes d'incertitude sanitaire exacerbent aussi les tensions internationales. Elles ont souvent été l'occasion d'attaques et d'invasions contre les pays affaiblis par un mal inconnu. Ainsi, il apparaît que: « *La pandémie n'est pas sans conséquences sur la tenue des élections programmées cette année dans plusieurs Etats du continent, quand bien même leur organisation suscite des enjeux politiques importants pour leur évolution démocratique* » (Mouori, 2020*).*

En effet, « *la lutte contre les boko haram, l'insécurité dans une partie du pays et la pandémie du coronavirus étouffent l'économie tchadienne* » (OCHA, 2020). Cette crise met la population devant une situation difficile telle que la perte d'emploi, la fermeture des écoles et des frontières, etc. Se manifestant aujourd'hui avec acuité, elle impose à l'État des mesures et à la population de N'Djamena, des stratégies de survie. On observe partout dans la ville de N'Djamena, des points d'eau et du savon dans la plupart des concessions, des panneaux publicitaires servant de moyens de sensibilisation, des affiches collées sur les portes de certaines concessions sensibilisent sur la pandémie, des banderoles et même des émissions à la radio ainsi qu'à la télévision sensibilisent sur la Covid-19 et ses conséquences. Les visites sont limitées, le respect des gestes barrières telles que le port de masque, la distanciation physique, la peur, la méfiance deviennent le quotidien de la population de la ville de N'Djamena. En outre, face à cette situation déplorable, la population, victime n'a rien d'autre à faire que de s'adapter en mettant en place des stratégies pour sa survie à savoir: le respect des mesures barrières, les petits commerces, le préceptorat, la pratique du clando, etc. Bref elle se reconvertit à d'autres métiers. L'exercice de ces quelques activités lui permet de se mettre à l'abri de la crise. Ce qui confirme que: *« Chaque peuple, chaque culture trouve des réponses aux problèmes que lui posent la nature et la vie en société »* (Assogba, 2004).

Notre étude appréhende le vécu de la population de la ville de N'Djamena à partir de sa capacité de résistance à la crise et s'inscrit dans la logique de reconversion dans la recherche des solutions face à une crise sanitaire brusque, celle de la Covid-19.

Et pourtant, jusqu'à ce jour, plusieurs auteurs se sont penchés sur la pandémie et ses impacts en ce qui concerne le Tchad mais pour le moment aucune des études n'a fait mention des stratégies de survie de la population contre la crise sanitaire de la Covid-19. Les quelques écrits qui existent, sont des écrits faits par les journalistes c'est-à-dire la presse écrite, les rapports des ONG, etc. Parmi ces écrits, l'on peut citer: Nadjidoumdé Florent, *l'Afrique au bord de la panique: la pandémie du coronavirus met le monde sens dessus sens dessous*; Hassan Moussa Ali, *Prévention du Covid-19 au Tchad: pas de mission d'Etat au pays à risque de coronavirus;* Boukar, Noland, *Chute du prix du pétrole doublé de la menace du coronavirus: faut-il craindre le pire pour l'économie tchadienne?* Djimadoum Mitta, *Entre contrôle et arnaque d'usagers, l'entrée au Tchad par Kousseri révèle des failles: Nguéli semble vulnérable au coronavirus*; Takeul Konaté, *Les aéroports seront fermés: Le Tchad suspend les vols internationaux ce jeudi, seuls les cargos sont autorisés sans restriction*; Anon, *Coopération internationale pour éviter la propagation d'une épidémie: la Chine prévient le monde contre le coronavirus*; Yann Gwet, *Coronavirus: péril sur le baril;*... C'est suite à cette observation qu'il est important pour nous de formuler notre sujet en ces termes **« Stratégies de survie de la population de la ville de N'Djamena face à la crise sanitaire de la Covid-19 »**.

QUESTIONS DE RECHERCHE

Cette étude que nous avons menée, comprend deux types de question: une question principale et trois questions spécifiques.

Question principale

Comment la population de la ville de N'Djamena fait face à la crise sanitaire de la Covid-19 pour sa survie?

Questions spécifiques

- Quels sont les impacts de la crise sanitaire de la Covid-19 sur le mode de vie de la population de N'Djamena?
- Quel est le niveau d'adhérence de la population de N'Djamena face aux mesures prises par l'Etat tchadien pour contenir la propagation de la Covid-19?
- Quelles sont les stratégies endogènes mises en œuvre par la population de N'Djamena pour sa survie?

HYPOTHESES DE RECHERCHE

Dans le cadre de notre travail, nous avons formulé deux types d'hypothèses à savoir une hypothèse principale et trois hypothèses spécifiques.

Hypothèse principale

La population de la ville de N'Djamena fait face à la crise sanitaire de la Covid-19 en mettant sur pied des stratégies de survie à savoir: les petits commerces, le jardinage, le clando, le préceptorat, etc.

Hypothèses spécifiques

- La crise sanitaire de la Covid-19 a impacté le mode de vie de la population de N'Djamena en affectant sa santé, en changeant son mode d'alimentation, ses rapports sociaux, affectant l'éducation des enfants et jeunes, etc.
- La population de N'Djamena adhère aux mesures prises par l'État pour contenir la propagation de la pandémie à savoir le confinement, le couvre-feu, la quarantaine, la fermeture des frontières, etc.

- La pratique des petits commerces, du clando, du jardinage, le préceptorat sont entre autre des stratégies mises en œuvre par la population de N'Djamena face à la crise sanitaire de la Covid-19 pour sa survie.

LES OBJECTIFS DE RECHERCHE

Nous avons formulé pour cette étude un objectif principal et trois objectifs spécifiques.

Objectif principal

Expliquer la manière dont la population de la ville de N'Djamena fait face à la crise sanitaire de la Covid-19 pour sa survie.

Objectifs spécifiques

De l'objectif général de notre travail, en découle trois objectifs spécifiques:

- Montrer les impacts de la crise sur le mode de vie de la population de N'Djamena en terme de taux de décès, coût des denrées, nombre de fois où la population consomme la nourriture, changement dans les rapports sociaux, chômage, etc.
- Mesurer le niveau d'adhérence de la population de N'Djamena face aux mesures prises par l'État pour contenir la propagation de la pandémie de la covid-19;
- Identifier les stratégies de survie de la population de N'Djamena face à la crise sanitaire de la Covid-19 et montrer leur efficacité en terme de satisfaction des besoins.

CADRE THEORIQUE

Nous avons retenu dans le cadre de ce travail, trois théories sociologiques à savoir: la sociologie dynamique de Georges Balandier, l'analyse stratégique de Michel Crozier et l'ethnométhodologie de Harold Garfinkel.

La sociologie dynamique

La sociologie dynamique est développée par **Balandier Georges** et se caractérise par la mise en relief du mouvement, du changement, d'évolutions des sociétés étudiées africaines. Ainsi, elle ne se contente pas seulement d'analyser les mutations, les transformations et les changements au sein de ces sociétés mais analyse également comment ces changements, ces transformations et ces mutations impactent le devenir de ces sociétés. Il met aussi en exergue les notions de « dynamique du dedans » et de « dynamique du dehors ».

L'opérationnalisation de cette théorie dans notre travail, nous amène à considérer la Covid-19 comme un facteur de changement, de transformation et de mutation de toutes les sociétés en général et de la société tchadienne en particulier dans la mesure où elle bouleverse le mode de vie de la population et plus précisément celle de N'Djamena. De plus, les « dynamiques du dehors » et les « dynamiques du dedans » nous ont permis d'expliquer les facteurs internes et externes ayant provoqués cette crise sanitaire imposant ainsi ce changement de mode de vie.

L'analyse stratégique

Théorie élaborée par **Michel Crozier et Erhard Friedberg**, l'analyse stratégique part du postulat selon lequel dans une organisation sociale, l'acteur n'est jamais contraint. De ce fait, quel que soit le degré de coercition d'une société, dans toutes les situations, tous les problèmes ne peuvent lui être strictement règlementés de manière à lui imposer dans chaque cas, une seule voie à suivre. Les postulats de base récusent la possibilité même d'un modèle généralisable. Ils reposent sur la conviction, issue de l'observation, qu'il n'y a pas de systèmes sociaux entièrement réglés ou contrôlés. L'acteur social n'est donc pas passif, mais actif, c'est un agent libre ayant ses propres buts.

Dans le cadre de notre étude, l'analyse stratégique nous a permis de comprendre que les mesures barrières prises par l'État sont comme une contrainte, «un système d'actions concret » et comme un espace de multiples jeux stratégiques où chaque individu développe des stratégies en fonction de ses propres intérêts qui sont en jeu. De ce fait, ces mesures barrières ont des « zones d'incertitudes » que la population transforme en marge de liberté afin d'atteindre son propre objectif. Ainsi, elle met en place des stratégies qui, lui permettent de contourner ces mesures barrières afin d'atteindre son propre objectif. Ce contournement des zones d'incertitudes permet à la population d'exercer des activités. L'exercice de ces activités lui permet de gagner de revenus. Lesquels revenus lui permettent de vivre le jour au jour et de subvenir à ses besoins essentiels. Ces comportements sont donc orientés par de « bonnes raisons », celle d'assurer sa survie.

L'Ethnométhodologie

Développée par Harold Garfinkel, le terme « ethnométhodologie » se réfère simplement aux méthodes utilisées par les gens pour créer une réalité ordonnée. En effet, selon Garfinkel, les études ethnométhodologiques

> Traitent les activités pratiques, les circonstances pratiques, et le raisonnement sociologique pratique, comme des sujets d'étude empirique. En accordant aux activités banales de la vie quotidienne la même attention qu'on accorde habituellement aux événements extraordinaires, on cherchera à les saisir comme des phénomènes de plein droit (Coulon, 1987).

Ainsi, l'opérationnalisation de cette théorie dans cette étude nous a permis de montrer et d'expliquer les ethnométhodes, les mécanismes de « ripostes endogènes » à la crise sanitaire de la Covid-19. Elle nous a aussi permis de montrer que face à cette situation (chômage, cherté de vie, etc.) imposée par cette crise sanitaire, la population de N'Djamena n'est pas restée indifférente, passive mais a mis en place des ethnométhodes qui, sont des sources de revenu lui permettant de subvenir à ses besoins.

CADRE METHODOLOGIQUE

Dans le cadre de cette étude, l'on a fait recours à une approche de recherche pragmatique. Laquelle approche nous a conduit à l'utilisation de la méthode mixte séquentielle explicative. En effet, notre travail a consisté dans un premier temps à parler de la conception de cette recherche. Ensuite, nous avons procédé à la collecte des données quantitatives à l'aide du questionnaire et des données qualitatives afin de compléter les données quantitatives grâce à l'entretien. Puis, à l'analyse des données quantitatives grâce à l'analyse univariée et bivariée et à l'analyse des données qualitatives à l'aide de l'analyse de discours ou de contenu, outil d'analyse des données qualitatives. S'en suit l'interprétation de nos données quantitatives et qualitatives et leur validité.

INTERETS DE L'ETUDE

Notre étude présente plusieurs intérêts à savoir: un intérêt scientifique, méthodologique, socio-sanitaire et économique.

Sur le plan scientifique, cette question que nous abordons, demeure jusqu'aujourd'hui d'actualité. En ce sens qu'elle préoccupe tant de chercheurs et la plupart des sciences sociales au point de devenir un fait social total au sens maussien du terme. A cet effet, cette recherche apporte des éléments de réponse au questionnement sur les facteurs interne et externe de cette crise sanitaire, ses impacts sur le mode de vie de la population et comment celle-ci met en place des stratégies pour survivre. Elle renforcera la littérature scientifique en confirmant l'efficacité des connaissances endogènes et des savoir-faire dans la satisfaction des besoins et la résolution des problèmes quotidiens.

Du point de vue méthodologique, cette recherche pourrait éventuellement servir de guide ou de données secondaires aux recherches ultérieures.

Sur le plan socio-sanitaire, cette étude se veut un cadre d'orientation des politiques publiques sanitaires et privées en ce qui concerne la lutte, le contrôle et la gestion de la crise au Tchad. Elle permettra aux autorités tchadiennes d'entreprendre des actions pour contrôler la crise et améliorer les conditions de vie et de santé de la population tchadienne et de prendre des dispositions pour le futur c'est-à-dire prévenir les crises à venir.

Sur le plan économique, elle pourrait aussi donner la possibilité à l'Etat d'accorder une priorité, une place de mérite au secteur informel dans la croissance économique.

PLAN

Notre mémoire se structure en cinq chapitres. Le premier chapitre met en lumière la problématique de la Covid-19. Le deuxième quant à lui, porte sur l'approche pragmatique de recherche permettant de mesurer la Covid-19. Le troisième chapitre traite des impacts de la Covid-19 sur le mode de vie de la population de N'Djamena. Le quatrième chapitre pour sa part, porte sur le niveau d'adhérence de la population de N'Djamena face aux mesures prises par l'État pour contenir la propagation de la pandémie. Le cinquième chapitre est consacré aux stratégies de survie de la population de la ville de N'Djamena face à la crise sanitaire de la Covid-19. Enfin, le sixième chapitre met en exergue une perspective d'analyse.

CHAPITRE I

PROBLEMATIQUE DE LA COVID-19

Ce chapitre s'articule autour de deux (2) grandes parties. La première partie met en exergue la revue de la littérature (faite selon les objectifs) et la seconde, quant à elle met en lumière les théories explicatives. En effet, la première partie fait un aperçu général de la pandémie de la Covid-19, énumère ses impacts sur le mode de vie de la population, les mesures et moyens mis en œuvre par l'État et enfin, les stratégies de survie de la population contre la Covid-19. La deuxième partie quant à elle, évoque les théories qui nous ont permis d'expliquer le sujet.

I.1-REVUE DE LA LITTERATURE

On ne peut envisager une recherche sans connaître au préalable ce qui a été dit afin de ne point reprendre les mêmes choses et pouvoir apporter quelque chose de nouveau. Il est ici question de la revue de la littérature, qui est *« l'inventaire des différents points de vue, repérer les liens ou les oppositions qui existent entre eux et mettre en évidence le cadre théorique auquel chacun se réfère implicitement »* (Campenhouldt et Quivy, 1993).

1-1/Généralité sur la pandémie de la Covid-19

Dans cette partie de notre chapitre, il sera question pour nous de définir tout d'abord le mot Covid-19 et les concepts qui y sont liés. Ensuite, nous parlerons de l'origine ou de l'historique de la pandémie, puis des voies de transmission, des symptômes, de son évolution et enfin de ses moyens de prévention.

1-1.1/Définition

L'opérationnalisation des concepts est une démarche importante dans les sciences sociales en général et en sociologie en particulier. C'est dans ce sens que Durkheim affirme que: *« la première démarche du sociologue doit être de définir les choses dont il traite afin que l'on sache de quoi il est question. C'est la première et la plus indispensable condition de toute preuve et de toute vérification»* (Durkheim, 1987). C'est dans ce souci de clarté, qu'il est indispensable pour nous d'opérationnaliser les concepts suivants: Covid-19 et les concepts qui y sont liés à savoir: épidémie, pandémie et crise sanitaire de la Covid-19.

1-1.1.1/ COVID-19

Le mot **Covid-19** est apparu le 11 février 2020, lorsque l'OMS a donné un nom à une maladie provoquée par le virus connu jusque-là sous le nom technique de **2019-nCov**, qui fut d'abord appelé **coronavirus de Wuhan**. Ce renommage a notamment pour but d'éviter de stigmatiser la région qui est le premier foyer connu de cette pandémie. C'est pourquoi Ghebreyesus (2020) disait: *« Nous avons dû trouver un nom qui ne faisait pas référence à un lieu géographique, à un animal, à un individu ou groupe de personnes.[1] ».*

En effet, formée à partir de « **Co** » et « **vi** » empruntée au mot anglais **coronavirus** et de « **D** », l'initiale du mot anglais **disease** signifiant « maladie, pathologie » et enfin du nombre **19** qui correspond à 2019, l'année de l'apparition du virus chez l'homme, la « Coronavirus disease 2019 » signifie en français maladie à coronavirus 2019. Cette maladie aurait été transmise à l'homme suite à la consommation de viandes contaminées (chauve-souris ou pangolin sont les deux hypothèses les plus avancées) vendues sur un marché local de Wuhan en Chine[2].

En outre, lorsque le mot a été forgé par l'OMS, celle-ci n'a donné aucune indication sur son genre. En le reprenant, les francophones l'ont utilisé au masculin: le Covid-19. En début mars 2020, l'OMS a commencé à employer ce terme au féminin. Ainsi, l'information a d'abord été reprise par les médias québécois, qui ont incité à dire la Covid-19, en ajoutant que le mot disease se traduisait en français par le nom féminin maladie. Ainsi, mi-mars, des médias français ont à leur tour commencé à employer Covid-19 au féminin et début mai, l'académie française a recommandé à son tour d'utiliser le mot au féminin[3].

1-1.1.2/ Concepts liés à la Covid-19

1-1.1.2.1/Coronavirus

Le coronavirus se définit comme une famille de virus variés. Les coronavirus peuvent infecter aussi bien l'homme que l'animal. Leur nom signifie « virus en couronne » et vient du fait qu'ils possèdent tous un aspect en forme de couronne vu au microscope. Les coronavirus ont été identifiés pour la première fois chez l'humain dans les années 1960. Il s'agit de virus causant des maladies

---

[1] https://sante.journaldesfemmes.fr/maladies/2619933-maladie-covid-19-coronavirus-signification-definition-nom-incubation-traitement-depistage-prevention-duree-evolution/
[2] https://www.creapharma.ch/coronavirus.html
[3] https://dictionnaire.orthodidacte.com/article/article/definition-covid-19

émergentes, c'est-à-dire des infections nouvelles dues à des modifications ou à des mutations du virus. Cependant deux d'entre eux ont entrainé de graves épidémies: le SARS-CoV en 2002 et le Mers-CoV en 2012 et aujourd'hui, un nouveau coronavirus SARS-CoV-2 (le Coronavirus 2 du Syndrome Respiratoire Aigu Sévère) a été identifié début Janvier 2020 comme étant à l'origine de cas groupés de pneumonies en Chine. Le 30 Janvier 2020, cette maladie (Covid-19) a été déclarée une « Urgence de Santé Publique de Portée Internationale [USSPI] » par le directeur de l'OMS au regard de la propagation rapide de cette épidémie (Bissa, 2020). Ainsi, le SARS-CoV-2 est le nom du virus ayant provoqué la maladie et ce nom fut proposé par the International Committee on Taxonomy of Virusus (ICTV), c'est-à-dire le Comité International sur la Taxonomie des Virus, l'organisme en charge de la classification des virus.

1-1.1.2.2/Épidémie

Du latin epidemia qui signifie « à la maison », une épidémie est « *l'apparition et la propagation (rapide) d'une maladie infectieuse contagieuse qui frappe en même temps et en un même endroit un grand nombre de personnes* » (Bissa, 2020). De ce fait, l'épidémie de la Covid-19 ne s'est pas limitée à une région, à un pays ou à une zone bien définie mais s'est répandue dans le monde donna ainsi lieu à une pandémie.

1-1.1.2.3/Pandémie

Selon l'OMS (2020), l'on parle de pandémie en cas de propagation mondiale d'une nouvelle maladie. C'est « *une situation dans laquelle l'ensemble de la population mondiale est potentiellement exposé à un agent pathogène et une partie de celle-ci tombe potentiellement malade* » (Ryan, 2020). C'est une épidémie se répandant à la fois sur une large zone géographique touchant une proportion importante de la population (Bissa, 2020). L'épidémie du coronavirus est donc devenue une pandémie le 11mars comme annoncée par l'OMS ce même jour, dépassant ainsi la barre des 100 pays infectés dans toutes les zones du globe. En effet, à la différence d'une épidémie, une pandémie s'étend à un continent, voire au monde entier. C'est pourquoi, les milliers de contaminations et de décès dus au nouveau coronavirus chinois font qu'il s'agit officiellement d'une « pandémie » touchant à ce jour 188 pays et territoires du monde (sur 198 pays reconnus par l'organisation des Nations Unies).

1-1.1.2.4/Crise sanitaire de la Covid-19

Pour mieux appréhender ce concept, il sera judicieux pour nous de définir le concept de crise et enfin le concept de crise sanitaire.

«Ce que le langage courant appelle « crise » est cette carence fondamentale qui caractérise les conditions de vie dans lesquelles se trouvent la majorité des populations africaines » (Ela,1998). Elle est *« une accumulation d'événements probables au niveau d'une partie ou de l'organisation dans son ensemble, qui peut interrompre les opérations présentes ou futures de l'entreprise en affectant les individus et les communautés à un niveau physique, psychologique et/ou existentiel. »* (Pauchant, 1988). Pour Balandier, les crises mettent en évidence le mouvement et la dynamique des sociétés humaines tout en engendrant de nouvelles relations. Elles situent donc les sociétés dans le temps et changent leur forme et leur mode de fonctionnement.

Une crise sanitaire se caractérise par des événements qui affectent la santé d'un grand nombre. Cette crise peut éventuellement faire accroitre le facteur significatif de mortalité ou de surmortalité, dans un secteur géographique précis ou la planète entière [...]. Les crises peuvent se doubler d'une crise économique et sociétale, c'est le cas pour la pandémie de coronavirus[4].

Ainsi, pour parler de crise sanitaire, deux conditions doivent être réunies: il s'agit d'une situation d'urgence qui représente une menace pour la santé de la population et une situation inédite qui n'a jamais été expérimentée. C'est le cas aujourd'hui de la crise sanitaire de la Covid-19.

1-1.2/ Origine de la pandémie de la Covid-19

La pandémie de la Covid-19 est une maladie infectieuse émergente causée par le nouveau coronavirus, le SARS-CoV-2 et qui apparut dès le 17 Novembre 2019 dans la ville de Wuhan, la capitale de la province de Hubei. A partir de décembre, Wuhan devient le foyer épidémique majeur. Le 1er Décembre 2019, un premier cas fut découvert en Chine par les médecins de Wuhan dont faisait partie le docteur **Li Wenliang.** Celui-ci tenta d'alerter le gouvernement sur l'imminence d'une possible épidémie de type SRAS à Wuhan (dont le premier porteur du virus fut un homme âgé de 55 ans de la province de Hubei). Cependant, il fut arrêté, accusé de propager des rumeurs infondées et forcé de signer un démenti. Ensuite,

---

[4] https://www.futura-sciences.com/sante/definitions/pandémie-crise-sanitaire-19283

le 27 décembre 2019, le premier cas est officiellement déclaré par les autorités de la république populaire de la Chine.

A compter du 22 janvier, le gouvernement chinois plaça sous quarantaine trois villes de la province de Hubei afin de contenir les risques de la pandémie. Le 31 décembre 2019, la Chine alerte l'OMS, inquiétée par l'apparition de plusieurs cas de pneumonies sévères causées par un virus inconnu dans la province de Hubei. Une semaine plus tard, des scientifiques chinois annoncent que ce virus appartient à la famille des coronavirus, et l'identifie sous le nom de « **2019-Ncov**» puis « **COVID-19** ».

Les premiers cas recensés ont tous fréquentés le même marché aux poissons de la ville de Wuhan, l'hypothèse d'une zoonose (une maladie transmise par les animaux) est ainsi privilégiée (Roy, 2020). Le SARS-CoV-2 aurait été transmis à l'homme par l'intermédiaire d'un animal également porteur d'un coronavirus ayant une forte parenté génétique avec le SARS-CoV-2. Il s'agit d'un pangolin, un petit mammifère menacé d'extinction dont la chair, l'os, les écailles et les organes sont utilisés dans la médecine traditionnelle chinoise. Si les conditions dans lesquelles ce virus est apparu restent encore floues, une enquête menée par les autorités chinoises a conclu que les personnes contaminées par ce virus l'auraient contracté en consommant des produits (dont certains sont vendus illégalement) d'origine animale issus d'un grand marché de ville, le Huanan Seafood Wholesale Market, qui a depuis été fermé (Moyou, 2021). Des recherches sont en cours en Chine pour confirmer cette hypothèse et une enquête réalisée par les experts de l'OMS a démarré. La piste animale est donc la plus probable pour le moment car les premières personnes ayant contracté la Covid-19 en décembre s'étaient rendues dans un marché de Wuhan (épicentre de l'épidémie) où étaient vendus des animaux parmi lesquels les mammifères sauvages (Passeport santé, 2020). La Covid-19 touche désormais plus de 180 pays. Après la Chine, l'épicentre de la pandémie, les pays les plus touchés sont les Etats-Unis, l'Inde, le Brésil, la Russie, le Royaume-Uni, l'Espagne, l'Italie, la Turquie et Israël.

1-1.3/Voies de contamination

La maladie à Coronavirus a plusieurs voies de contaminations. Ainsi, pour Bissa (2020), les voies de contamination sont:

- La bouche: on peut être contaminé en mettant à la bouche des aliments, des objets ou des mains souillés (les mains peuvent être souillées par le visage, les vêtements ou les instruments ou surfaces contaminés: claviers, poignées de porte, robinets, mobiliers, combinés de téléphone, interrupteurs, boutons poussoirs, crayons ou stylos, etc.);

- Le nez: inhalation par voie respiratoire contenant le virus ou en passant les doigts dans les narines.

- Les yeux: par projection des gouttelettes de salives dans les yeux ou en portant la main ou les doigts souillés aux yeux.

Une personne porteuse peut-être contagieuse jusqu'à deux (2) jours voire plus avant l'apparition des symptômes de la maladie.

1-1.3.1/Personnes à risque

Les personnes les plus fréquemment touchées par une évolution grave de la maladie sont principalement les personnes âgées de 50 ans ou plus, les personnes ayant ou souffrant de maladies chroniques telles que l'hypertension, les maladies cardiaques chroniques, les maladies respiratoires pulmonaires (comme l'asthme, mucoviscidose, etc.), le diabète, les maladies affectant le système immunitaire, les maladies du foie, le cancer, les personnes souffrant d'obésité, de Schizophrénie, les femmes enceintes, les fumeurs, les personnes plus jeunes (moins de 40 ans). Le risque de mourir pour cette catégorie de personnes est élevé.

1-1.3.2/Diagnostic ou test de dépistage du virus

Trois (3) principaux tests de dépistage permettent de détecter le virus chez l'homme:

- Méthode par PCR qui, peut s'effectuer à deux niveau:

  *Test PCR au niveau nasopharyngé est la plus précise, presque 100% pour le frottis nasopharyngé;

  *Test PCR au niveau de la salive (bouche) est aussi possible. Cette méthode pouvant être réalisée par des non spécialiste par sa simplicité est considérée à efficacité haute contre très haute pour un frottis nasopharyngé.

- Tests rapides antigéniques au niveau du nez (narines) ont une précision d'environ 85%.

- Méthode par détection d'anticorps (prise de sang), test sérologique. Cette méthode sérologique détecte par une simple prise de sang des anticorps endogènes (du propre corps) contre le SARS-CoV-2[5].

1-1.4/Symptômes de la Covid-19

Les symptômes ne se manifestent pas de la même manière chez les personnes infectées. Le niveau de gravité varie aussi (Bissa, 2020). En effet, ceux qui sont infectées par la Covid-19 peuvent présenter des symptômes très légers ou inexistants ou au contraire une infection grave ou la mort. La plupart des infections sont généralement légères et leurs symptômes apparaissent progressivement 2 à 14 jours après exposition[6]. On retrouve parmi les symptômes les plus courants une toux sèche et dans les cas plus graves, un souffle court avec des difficultés respiratoires tels que l'essoufflement, la fièvre, les frissons, les tremblements, la fatigue, un malaise général, le rhume, une toux sèche persistante.

En plus de ces symptômes courants, il existe d'autres symptômes moins fréquents tels que les douleurs musculaires, les courbatures, les nausées, la diarrhée, les maux de tête, la congestion nasale, l'écoulement nasal, des maux de gorge, perte de goût ou d'odorat, une conjonctivite et parfois des vertiges peuvent se manifester.

1-1.5/ Evolution de la maladie

Selon Bissa (2020), les cas de maladies liés au nouveau coronavirus peuvent évoluer très différemment. Alors que chez certains, les symptômes sont légers, à peine remarqués et peuvent le transmettre aux autres sans le savoir; d'autres par contre ont besoin d'être hospitalisés ou parfois prise en charge en réanimation.

1-1.5.1/Evolution bénigne (80% des cas)

Pour la grande majorité des personnes infectées, l'évolution est bénigne. Les symptômes apparaissent mais restent bénins. Il s'agit ici des personnes en bonne santé et de moins de 60 ans.

---

[5] https://www.crepharma.ch/coronavirus.html
[6] https://www.creapharma.ch/coronavirus.html

1-1.5.2/ Evolution sévère (20% des cas)

Les symptômes sont d'abord bénins mais s'aggravent après environ cinq à 10 jours. Il en survient une détresse respiratoire qui, peut être suivie d'une pneumonie. Dans ce cas, la personne concernée a besoin d'un traitement hospitalier, et souvent aussi d'un apport en oxygène. La maladie dure entre une à quatre semaines. Et ceux qui bénéficient d'un bon traitement recouvrent leur santé. L'évolution peut être sévère à tout âge mais cependant une telle évolution est rare et les personnes vulnérables présentent un risque accru d'évolution sévère.

1-1.5.3/ Evolution critique (5%)

Chez certaines personnes, les symptômes liés aux voies respiratoires s'aggravent tellement qu'elles ont besoin d'un soin en réanimation. Ce qui nécessite la mise en place d'une respiration artificielle afin de soutenir les fonctions pulmonaires. Ainsi, une intervention médicale réalisée à temps permet à ces personnes de recouvrir la santé après quelques semaines et donc de survivre.

1-1.6/ Moyens de prévention de la pandémie de la Covid-19

Selon l'OMS (2020), les moyens de prévention efficace pour ne pas contracter la Covid-19 mais aussi pour éviter sa propagation sont:

- le lavage fréquent des mains au savon ou avec une solution hydroalcoolique;
- éviter les contacts rapprochés, comme faire la bise ou serrer la main, avec des personnes qui toussent ou éternuent;
- se couvrir la bouche avec le pli du coude ou un mouchoir jetable lors d'une toux ou d'un éternuement;
- ne pas se toucher les yeux, le nez ou la bouche;
- en cas de symptômes respiratoires et de fièvre, portez un masque et restez confinés pour ne pas contaminer votre entourage. Appelez votre médecin et suivez ses instructions[7].

1-2/Impacts de la Covid-19 sur le mode de vie de la population

Premier objectif de notre travail, cette partie nous permettra d'avoir une connaissance de l'impact de la Covid-19 à travers les écrits des auteurs, de voir les effets de cette pandémie sur le mode de vie de la population.

---

[7] https://www.creapharma.ch/coronavirus.html

En effet, au cours de la première moitié de l'année 2020, le monde a été pratiquement immobilisé par la Covid-19 car tous les secteurs d'activités vitaux de la planète se retrouvaient presque paralysés. Cette pandémie génère une crise sans précédent qui n'est pas uniquement sanitaire mais également économique, sociale, politique et potentiellement humanitaire dans le monde en général et au Tchad en particulier.

1-2.1/ Impacts de la Covid-19 sur la santé

Comme son nom l'indique, la maladie à coronavirus, Covid-19 affecte la santé de la population. De ce fait, les mesures de confinement prises pour limiter sa propagation ont des effets sur le bien-être, la santé physique et mentale de la population.

En effet, la Covid-19 a entrainé un taux important d'anxiété (41,8%) et de dépression mentale (42,8%) chez les personnels de santé et les survivants dans les pays affectés (Mboua, Keubo et Fouaka, 2021).

En ce qui concerne la sexualité, le confinement a un impact manifeste et global. Il s'agit ici des pensées éprouvées lors des relations sexuelles. Il a impacté le vécu des relations sexuelles et ceci indépendamment des fluctuations de la fréquence des rapports sexuels, contrôlées statistiquement dans les analyses statistiques. Ces pensées et émotions ressenties lors des rapports sexuels ont en retour affecté la satisfaction éprouvée. Ainsi, tandis que chez certains, le confinement les a fragilisés et a diminué leur niveau d'excitation; chez d'autres par contre, elle en a augmenté et a favorisé une sexualité plus riche et épanouissante, favorisant la construction d'une nouvelle intimité (Gouvernet et Boniebale, 2020).

Cette pandémie détériore la santé mentale des individus. Elle a fait naitre la peur, les troubles de sommeil, l'anxiété, la dépression, le stress, des problèmes de concentration et la tristesse chez les personnels en isolement social et les femmes. Les effets du confinement sur la santé mentale accentués par les conséquences économiques peuvent avoir des conséquences sur la violence envers soi, particulièrement des populations fragiles. Elle entraine une hausse de suicides (Dubost, Pollak et Rey, 2020).

Les besoins accrus en nutriments des femmes enceintes et allaitantes ne sont pas satisfaits. Ce qui impacte leur santé et leur nutrition mais aussi le développement de l'enfant. Cela affecte aussi la réponse immunitaire de la mère et de l'enfant. Les campagnes d'éducation nutritionnelle sont suspendues et toute sensibilisation pour le changement de comportement social est bloquée. De même, afin d'éviter la propagation du virus, les visites de soins prénataux dans les établissements de santé sont en baisse. Les taux d'allaitement exclusif, déjà extrêmement faibles vont encore se détériorer par crainte de la transmission de la mère à l'enfant d'où une alimentation inadéquate de l'enfant (Nations Unies Tchad et Banque Mondiale, 2020). Ainsi, la détérioration de la production agricole doublée de la Covid-19 a entrainé une malnutrition sévère aigüe des enfants âgés de 6 à 59 mois.

La situation sanitaire et le confinement liés à la maladie à coronavirus ont eu un effet délétère sur la santé mentale des populations. La prévalence des troubles d'humeur, des troubles anxieux, des troubles du sommeil est plus élevée que ce qu'il est coutume d'observer habituellement (Bouvernet et Boniebale, 2020).

Le mal-logement, les risques accrus de contamination, notamment des soignants (Brooks et al., 2020), les difficultés de conciliation entre vie privée et vie professionnelle, la détérioration des conditions de travail, l'isolement et les addictions, sont autant de facteurs qui peuvent conduire à des conséquences socialement inégales en terme de santé mentale (Dubost, Pollak et Rey, 2020).

1-2.2/ Impact de la covid-19 sur la politique

La crise sanitaire de la covid-19 a eu des effets sur la politique des pays touchés par cette pandémie. Elle a annulé les rencontres diplomatiques entre les pays, reporté la date des élections programmées par certains pays et empêché les missions d'Etats. En effet,

> Au travers des mesures gouvernementales et sanitaires, ils s'efforcent tant bien que mal de faire face à ce fléau générant des implications économiques, sociales et politiques majeures. Sur ce dernier point en particulier, la pandémie n'est pas sans conséquences sur la tenue d'élections programmées cette année dans plusieurs Etats du continent, quand bien même leur organisation suscite des enjeux politiques importants pour leur évolution. Plusieurs Etats ont envisagé la modification de leurs calendriers électoraux, à travers le report ou la suspension de certaines actions liées aux processus électoraux déjà engagés sur leur territoire (Mouori, 2020).

Ainsi, au Tchad, elle a eu lieu le 10 et 11 avril 2021 après que les mesures de confinement soient levées.

Pour Roy (2020), ces périodes d'incertitude sanitaire exacerbent aussi les tensions internationales. Elles ont souvent été l'occasion d'attaques et d'invasions contre les pays affaiblis par un mal inconnu.

1-2.3/Impacts de la covid-19 sur l'économie

Le monde de manière générale fait face depuis décembre 2019 à une pandémie, celle de la Covid-19. Cette pandémie a des impacts économiques multidimensionnels. Il s'agit des effets directs et indirects et des effets indirects en différé. Ainsi, la dimension économique couvre l'impact sur l'agriculture, le commerce, le tourisme, le transport et le secteur privé, particulièrement les Petites et Moyennes Entreprises avec une perte substantive de revenus et d'emplois. Elle touche également l'augmentation des prix de produits vivriers consécutive à la rupture de la chaine d'offre ainsi que les effets indirects liés à une faible position fiscale du gouvernement consécutive aux dépenses élevées pour contrecarrer la crise et une faible mobilisation des ressources fiscales (Nations Unies Tchad et Banque Mondiale, 2020).

En effet, la Covid-19 a révélé la fragilité de nombre de pays qui, ont perdu la maitrise de l'accès à de produits dont on n'avait pas assez mesuré la dimension stratégique dans l'euphorie de la globalisation. Les pertes de production liées à cette urgence sanitaire et aux mesures prises pour l'endiguer sont probablement bien supérieures aux pertes qui ont déclenché la crise financière de 2008-2009. Il est enfin, la conséquence des mesures d'endiguement qu'il a fallu prendre (Nations Unies Tchad et Banque Mondiale, idem). De ce fait, les conséquences économiques sont liées principalement aux mesures de restrictions de certains mesures prises par les différents pays concernés par cette crise telles que les suspensions aériennes et terrestres entre les pays, puis les couvre-feux et l'état d'urgence qui sont décrétés. Une telle situation ne pourrait que ralentir les économies des pays ou les asphyxier. Ceci a entrainé une récession de l'économie avec un taux de croissance de -0,4 % en 2020, soit un recul de 7,3 points de pourcentage par rapport à la prévision initiale qui est de 6,9 % (Nations Unies Tchad et Banque Mondiale, 2020).

La Covid-19 a également généré l'arrêt temporaire ou définitif des activités dans les secteurs du commerce, l'éducation et du transport. Ainsi, la baisse de la croissance des grandes économies à savoir la Chine, l'Union Européenne et les Etats-Unis va contribuer à réduire la demande mondiale du pétrole, la demande d'exportations, la réduction des apports (ou des flux) de l'Investissement Direct à l'Etranger ainsi que les envois de fonds des travailleurs migrants vers les pays en développement (Nations Unies Tchad et Banque Mondiale, 2020).

1-2.3.1/Impact sur le pétrole

Ce ralentissement de l'activité économique mondiale se justifie également d'un côté par la baisse de la demande du pétrole entrainant ainsi la chute des prix du pétrole (PNUD, 2020) voire « *l'effondrement des prix internationaux du pétrole avec une baisse de 11,5 points par rapport au prix de 2016* » (GBM, 2020). De l'autre côté, ce choc sur les cours du pétrole aggravera la situation des pays africains exportateurs de pétrole à l'instar du Tchad qui, comme les autres pays subissent les perturbations économiques résultant du choc sanitaire et les conséquences des retombés mondiales de la Covid-19 (Nations Unies Tchad et Banque Mondiale, 2020).

Au Tchad, le secteur pétrolier qui représente 90% des exportations et 40% des recettes publiques, a été sévèrement touché. Sur le plan extérieur, le choc pétrolier diminuera directement les revenus de l'exportation et les recettes budgétaires, et aura un impact négatif indirect sur la croissance économique, les dépenses publiques et les importations. Sur le plan intérieur, la fermeture des frontières et les mesures de distanciation sociale risquent de replonger le Tchad dans une récession en 2020 avec une contraction de l'économie projetée à 0,2% par rapport au taux de croissance de 4,8% prévu avant Covid-19 (GBM, 2020.).

1-2-3.2/Impact sur le travail

Cette pandémie mondiale de la Covid-19 a profondément touché le monde du travail. Outre la menace que cela représente pour la santé publique, les bouleversements économiques et sociaux menacent les moyens de subsistance et le bien-être à long terme de millions d'individus (OIT, 2020). Ainsi, tous les jours, les emplois et les revenus sont perdus sans aucun moyen de savoir quand il y aura un retour « à la normale ». Les petites nations insulaires, fortement tributaires du tourisme font face à des hôtels vides et des plages désertes. Il faudra l'engagement de toute la société pour limiter la propagation de la Covid-19 et amortir l'impact potentiellement dévastateur qu'elle peut avoir sur les personnes et leur économie (PNUD, 2020).

Au niveau de l'emploi, les mécanismes de transmission proviennent principalement de la baisse du volume et de la valeur des échanges extérieurs liée à la fermeture des frontières et la baisse des prix mondiaux des matières premières. Ce contre coup subi par le commerce extérieur peut entrainer une baisse d'approvisionnement en intrants et autres facteurs de productions au niveau des entreprises qui subiront de facto un recul de productivité et de performance pouvant les contraindre à s'ajuster à une conjoncture défavorable à travers la réduction de la main d'œuvre soit en terme de baisse des salaires, soit en terme de licenciement partiel ou total du personnel (Nations Unies Tchad et Banque Mondiale, 2020). Ce qui accroit ainsi le nombre de chômeurs dans la mesure où certaines entreprises sont obligées de libérer une partie importante de leurs employés pour survivre à la crise. Des pertes d'emploi ont ainsi été enregistrées dans divers secteurs notamment l'éducation, l'hébergement et la restauration, la sylviculture et la construction (UNHCR, 2020).

Or, les secteurs privés formels et informels sont de grands pourvoyeurs d'emplois au Tchad. A l'Organisation des Nations Unies pour l'alimentation et l'agriculture d'ajouter que: « *la pandémie de Covid-19 est une crise majeure qui, en frappant l'économie et le marché du travail, a d'importantes incidences en raison du chômage et du sous-emploi qu'elle engendre chez les travailleurs du secteur informel* » (FAO, 2020).

1-2.3.3/Impact sur le commerce

La pandémie a aussi un impact sur les marchés et le commerce à l'échelle régionale, au sein du réseau des routes transafricaines. Les Tchadiens qui exercent le commerce des bétails sur pied en écoulant vers les pays voisins sont dans l'incapacité à exercer leurs activités à cause de la crise sanitaire. Cela a un impact sur les marchés à travers la région (Nations Unies Tchad et Banque Mondiale, 2020). Les commerçants ont connu une baisse de la demande ou de la clientèle pour les produits destinés à un marché extérieur.

1-2.3.4/Impact sur la migration

L'Organisation Internationale des Migrants (2020) pour sa part, stipule que la pandémie de la Covid-19 a entraîné le report ou l'annulation du projet de migration. Au Tchad, les mesures prises ont pour effet direct la réduction significative des flux de migration à l'intérieur tout comme à l'extérieur du pays. A cela s'ajoute la diminution des transferts de fonds qui est une autre conséquence économique importante de la pandémie de la Covid-19 (Nations Unies Tchad et Banque Mondiale, idem).

1-2.3.5/Impact sur l'investissement

Selon la Commission économique pour l'Afrique, la propagation continue du virus entraîne une diminution des flux d'Investissements Direct à l'Etranger (IDE), une fuite des capitaux, un resserrement du marché financier intérieur et un ralentissement des investissements donc des pertes d'emplois (OIT, 2020). En l'occurrence, les transferts de fonds qui jouent un rôle de soutien financier capital pour de nombreux ménages du Tchad notamment en zones rurales, ont souffert de la crise sanitaire (Nations Unies Tchad et Banque Mondiale, ibidem).

La baisse de vente réduit considérablement les fonds des opérateurs économiques qui, éprouvent des difficultés à obtenir un financement auprès des banques, des tontines et autres associations (UNHCR, 2020).

1-2.3.6/Impact sur le tourisme

Le tourisme a été l'un des secteurs le plus durement touché par cette pandémie. Les femmes, les jeunes et les travailleurs de l'économie informelle sont plus exposés aux pertes d'emplois et aux fermetures d'entreprises dans le secteur du tourisme (OIT, 2021).

L'interdiction de regroupement de plus de 50 personnes et la suspension des vols internationaux à destination du Tchad ont occasionné le ralentissement des activités dans le secteur du tourisme, la culture et le sport. Ainsi, les activités et les manifestations de masse sont reportées ou annulées (Nations Unies Tchad et Banque Mondiale, 2020).

1-2.3.7/Impact sur le transport

Au Tchad, en ce qui concerne le transport urbain et interurbain, les mesures barrières ont entrainé « *pour le mois d'avril une perte estimé à 219 600 000 de FCFA (…). Les minibus qui assurent le transport urbain ont enregistrés une perte mensuelle évaluée de 25,4millions de FCFA. Quant au transport urbain assuré par les taxis, les pertes mensuelles sont de l'ordre de 4,3millions[8]* ». Il est important de mentionner que les taxis ne sont pas aux arrêts mais sont obligés de réduire le nombre de passagers afin de respecter les mesures de distanciation sociale. Quant au transport interurbain, « *les pertes mensuelles évaluées sur la base de 211 bus aux arrêts, sont estimées à 189,9 millions de FCFA* ». Pour ce qui est du transport aérien, la suspension des vols nationaux et internationaux à

---

[8] https://reliefweb.int/report/chad/Tchad-etude-dimpacts-socio-conomique-de-la-covid-19-au-30-juin-2020

l'exception des cargos menace la survie des industries aéronautiques naissantes et en particulier la compagnie nationale CHADIA. A cela, s'ajoute également l'impact de ces mesures sur la survie des activités connexes se greffant à ces compagnies à savoir la billetterie, la restauration, le service de nettoyage, etc. (Nations Unies Tchad et Banque Mondiale, 2020).

1-2.3.8/Impact sur l'industrie

Dans le secteur industriel, les mesures de contingence ont eu un impact sur les industries du Tchad. La Société Moderne des Abattoirs (SMA) et la Brasserie Du Tchad (BDT) sont à cet effet, les plus touchés dans la mesure où d'un côté les décisions du gouvernement de limiter les abattages afin d'éviter les attroupements ont affectés ces activités (et entrainé des pertes) et l'arrêt des activités des principaux clients de la BDT ont aussi entrainé d'importantes pertes en terme de chiffres d'affaires. Cependant, ces mesures anti-covid-19 ont également impacté positivement certains secteurs avec l'augmentation des ventes intérieures (Nations Unies Tchad et Banque Mondiale, 2020).

Dans le domaine de l'Hôtellerie-Restauration-Bars, les pertes liées aux mesures de distanciation physique et plus encore à la fermeture de ces unités économiques « *dans la ville de N'Djamena sont estimées à 6,2 milliards* » (Nations Unies Tchad et Banque Mondiale, idem).

1-2.4/Impact social de la Covid-19

Les mesures de distanciation physique, de confinement et de quarantaine mises en place pendant l'épidémie, ont un impact sur toutes les sphères de la vie entrainant une perte brutale de repère et une limitation de la vie sociale et affective (Dubost, Pollak et Rey, 2020).

Sur le plan des services sociaux de base, la crise de la Covid-19 a réduit l'accès à l'eau, aux services sociaux de soins de santé publique et l'accès à l'éducation. La fermeture des frontières et les restrictions de mouvements limitent la capacité de transport des marchandises et impactent négativement la sécurité alimentaire et les moyens de subsistance des populations.

Dans son enquête évaluant *Les effets socioéconomiques de la covid-19 sur la sécurité alimentaire et les moyens de subsistance des réfugiés centrafricains au Cameroun*, l'UNHCR (2020) souligne qu'avant la pandémie, les personnes enquêtées consommaient deux à trois repas par jour mais avec la Covid-19, elles éprouvent des difficultés à se nourrir normalement et ne consomment qu'un repas par jour. Cette baisse du nombre de repas journalier résulte de l'augmentation des dépenses alimentaires. Avec de faibles revenus et une tendance à la baisse du fait du ralentissement des activités économiques des suites de la Covid-19, il devient difficile pour les personnes enquêtées de maintenir le nombre habituel de repas par jour, surtout que des besoins non-alimentaires sont aussi à satisfaire. De plus, elle a entrainé une hausse des prix des denrées alimentaires et a affecté les activités génératrices de revenu en engendrant des difficultés d'approvisionnement, en réduisant les activités économiques, en limitant l'accès aux champs ou aux semences et autres intrants agricoles dues aux restrictions du transport. Elle a aussi entrainé une baisse de revenus, a empêché d'assurer une alimentation adéquate et a occasionné un épuisement du stock de vivres restants où les restrictions du mouvement et déplacement ont entrainé la diminution de superficie agricole emblavée.

Les restrictions imposées aux déplacements dans les villes particulièrement touchées ont pour effet d'empêcher les ruraux de se rendre dans les centres urbains pour y chercher un emploi de substitution. Ces mesures s'avéreront préjudiciables aux moyens d'existence des agriculteurs en limitant leur capacité d'assurer un travail rémunéré, d'embaucher des travailleurs temporaires et de vendre ou d'acheter des produits et intrants. Ce qui se traduit par un risque d'insécurité alimentaire accru (FAO, 2020). Les travailleurs qui, dans les zones rurales ne disposent que d'un accès limité aux informations et traitements médicaux utiles seront confrontés à des conséquences d'ampleur catastrophique pour leur vie et leurs moyens d'existence.

La forte densité de la population dans les sites surpeuplés, où les mesures de distanciation physique sont quasiment impossibles à mettre en place, multiplient les risques sanitaires. C'est dans cette perspective que pour limiter le risque de la propagation de la Covid-19 dans le milieu carcéral, 3200 prisonniers de droits communs ont été libérés dans tous les établissements carcéraux à titre gracieux (Nations Unies Tchad et Banque Mondiale, 2020). Ce qui affecte la sécurité de la population.

> Cette crise a un impact considérable sur la situation économique, sociale, ou encore environnementale des personnes vulnérables avec lesquelles ils travaillent. Au niveau de sécurité, elle entraine l'isolement des régions, des communes, villages rendant difficile, voire impossible l'évacuation des récoltes et l'approvisionnement en semences

ou d'autres entrants. Ce qui perturbe fortement la campagne agricole actuelle et celle future[9].

La sécurité physique de certaines populations a pu être particulièrement mise en danger par le confinement. La raréfaction des lieux de prise en charge des publics les plus fragiles, personnes sans-domicile et migrant liée au confinement peut conduire à une accentuation de la violence à laquelle elles sont confrontées.

Dans les ménages, l'impact de la Covid-19 s'est fait fortement ressentir. Le «phénomène d'achats-paniques », c'est-à-dire les constitutions de stocks de précaution pour s'attendre à un éventuel confinement a fait grimper les prix des denrées alimentaires et produits de premières nécessité, notamment les céréales. Ce qui rend plus vulnérable, les personnes handicapées, les personnes âgées et les enfants de la rue (Nations Unies Tchad et Banque Mondiale, 2020). Les ménages sont affectés par des pertes de revenu de façon très hétérogènes selon leur secteur d'activité, mais aussi selon leur statut d'emploi. A cela s'ajoutent, les pertes de revenus liées à l'aide et à l'activité informelle, et à l'accroissement des dépenses, notamment alimentaires (Dubost, Pollak et Rey, 2020).

Dans les zones rurales, les chaînes d'approvisionnement et les marchés agroalimentaires subissent les perturbations que causent des mesures de confinement et des restrictions imposées aux déplacements; les moyens d'existence s'en trouvent menacés, en particulier ceux des travailleurs indépendants et des salariés. Des catégories spécifiques de travailleurs, surreprésentées dans l'économie informelle, notamment les femmes, les jeunes, les enfants, les populations, autochtones et les travailleurs migrants connaîtront une aggravation de leur précarité (FAO, 2020).

Sur le plan humanitaire, au Tchad, la Covid-19 aggrave la situation humanitaire des populations déplacées. Celles-ci, principalement résidant dans des sites (85% du total des personnes déplacées identifiées au Lac) vivent dans des situations insalubres, avec un accès limité aux équipements de protection personnelle et à l'eau, d'assainissement et l'hygiène et un accès non convenable aux toilettes. Les restrictions de mobilité mises en place au Tchad affectent la capacité des partenaires humanitaires et de développement à avoir accès aux bénéficiaires pour mettre en œuvre leurs projets et leurs programmes, malgré leurs efforts pour assurer la continuité de l'assistance la plus urgente et indispensable.

---

[9] https://www.eclosio.org/news/covid-19-impact-sur-les-populations-les-plus-vulnerables/

En ce qui concerne l'éducation au Tchad, les mesures ont occasionné la fermeture de 16 896 structures d'enseignements fondamental, technique et universitaire. D'un côté, cette fermeture a immobilisé plus de 3,4 millions d'apprenants et de l'autre côté, 55 751 enseignants dont 20 634 vacataires et 18 764 communautaires respectivement à la charge des associations des parents d'élèves (APE) sont au chômage. Ainsi, l'arrêt des activités éducatives sur toute l'étendue du territoire augmenterait davantage les taux d'abandon qui sont déjà élevés et estimés à 17,9% pour le cycle primaire et 65,6% pour le cycle secondaire. Dans le rang des apprenants, ceux qui auront les lacunes sont ceux qui sont dans un processus d'accumulation de connaissance. Ce qui aggravera le phénomène de baisse de niveau, qui a pris son origine depuis l'année blanche de 1993, à cause du scénario imaginé qui autorisait les redoublants à passer en classe supérieure avait accumulé des faiblesses éducatives très importantes. La conséquence sur le capital humain se traduira en termes d'incompétences et amputera sur la productivité du facteur travail.

La Covid-19 a entrainé des inégalités sociales. D'abord des pathologies nécessitant des soins irréguliers ou urgents ont été traversées par des inégalités sociales, certaines populations moins favorisées ont pu pâtir plus que d'autres des difficultés de recours aux soins. Elle a dégradé les conditions de vie (déjà) précaires de certaines personnes. Elle accroit des inégalités matérielles dans la mesure où certaines populations ont subi des baisses de revenus d'activités informelles particulièrement importantes, associées à une hausse des dépenses notamment alimentaires, seulement partiellement compensées par des aides publiques. Ainsi, pendant le confinement presque la moitié des ménages les plus modestes ont perdu des revenus contre environ un quart des ménages aisés.

En effet, dans leur étude, les Nations Unies au Tchad et la Banque Mondiale stipulent que la Covid-19 accroit la pauvreté et les inégalités dans presque tous les pays touchés. La réduction du nombre de passagers dans les taxis a entrainé une hausse des prix de transports dont la conséquence est la réduction de la demande (Nations Unies et Banque Mondiale, 2020). Ce qui limite l'accès à une certaine catégorie, les pauvres ne pourront y accéder.

En outre, la Covid-19 sème sur son passage le désarroi et l'inquiétude à des degrés divers, dans presque toutes les couches sociales et rend précaire les conditions de vie des populations vulnérables. Elle nous interpelle donc tous de par les considérations sociales, psychologiques, économiques et culturelles qu'il engendre (Francklin, Katiana et al., 2020).

Avec l'arrivée de la pandémie de la Covid-19, l'on assiste à une accentuation d'inégalités entre les genres. En effet, la mise à l'écart des femmes du marché du travail dans le monde rural peut ainsi s'en trouver accentuée, plus particulièrement si elles doivent être mises en concurrence avec les hommes pour les rares emplois rémunérés. Ainsi, l'on observe une tendance à un recul de l'accès à la santé sexuelle et génésique et à une augmentation des violences domestiques durant cette crise (ONU-femmes, 2020).

1-3-/Mesures et stratégies mises en œuvre par l'État tchadien pour limiter la propagation de la Covid-19

Face à la propagation de cette pandémie sur le territoire tchadien, l'État n'est pas resté passif. Au contraire, en attendant la mise au point d'un vaccin, il a mis en place des mesures, des arrêtés et des décrets afin de contrecarrer la propagation de la pandémie de la Covid-19 sur tout le territoire. Ces mesures de précaution sont de toute nécessité car comme le souligne Watel cité par Francklin, Katiana et al. (2020): *« L'enjeu décisif des crises sanitaires, c'est l'incertitude à tous les niveaux: sur l'ampleur de la menace, sur l'efficacité des moyens de la traiter et sur ses conséquences ».* De même, Azeng cité par Francklin, Katiana et al. (2020) nous fait savoir que l'efficacité des politiques de gestion des crises dépend de la qualité de la réaction de la population. Les facteurs de risques individuels reposent sur les comportements libres des agents qui peuvent présenter des risques pour leur santé et/ou celles des autres.

1-3.1/Restrictions relatives à la mobilité

Avant l'apparition du premier cas de la Covid-19 dans le pays le 19 mars 2019, les autorités tchadiennes avaient pris des mesures préventives successives pour restreindre la mobilité des personnes. Ainsi, le gouvernement de la République du Tchad a progressivement fermé toutes les frontières aériennes et terrestres mettant un terme à tous les vols commerciaux, à l'exception des cargos. Ces restrictions de mobilité ont également pris la forme de limitations strictes de mouvement à l'intérieur du pays:

- Interdiction de la circulation des bus et minibus destinés au transport de personnes (Cf. arrêté n°036/DPDNSACVG/MIT/2020 du 06 mai 2020);
- Limitation stricte des mouvements de personnes en dehors des camps de réfugiés;
- Obligation de ne pas dépasser quatre personnes à bord des taxis et véhicules à usage personnel;

- Fermeture des écoles, des lieux de culte et des commerces non-essentiels;
- Interdiction d'entrée et de sortie dans les chefs-lieux de provinces et dans la capitale N'Djamena;
- Couvre-feu de 20:00 dans quatre grandes provinces du Tchad et la capitale, N'Djamena (Cf. Décret n°499/PR/2020, Décret n°500/PR/2020, etc.).

1-3.2/Mesures de prévention

- Contrôle sanitaire systématique aux postes de frontières nationales et mise en quarantaine des cas suspects depuis le 20 mars 2020.
- Respect strict des gestes barrières dont le port obligatoire de masque en public ou dans les espaces clos, le lavage des mains avec du savon et la distanciation physique qui continuent à être observés.
- Etat d'urgence sanitaire instauré le 25 avril 2020 sur toute l'étendue du territoire national et renouvelé à deux reprises.

1-3.3/Mesures assouplies

- Fermeture des aéroports du Tchad à toutes les compagnies aériennes à l'exception des cargos en vigueur depuis le 19 mars 2020 à 12 heures.
- Fermeture des frontières avec tous les pays voisins pour trafic, à l'exception des importations marchandises, en vigueur depuis le 20 mars 2020.
- Malgré la fermeture des frontières et des aéroports, des vols spéciaux (vols d'Air France, d'Ethiopian Airlines, Tchadia Airlines et humanitaires organisés par le Programme Alimentaire Mondial (PAM) sont autorisés avec une mise en quarantaine de quatorze (14) jours des passagers entrant sur le territoire.
- Autorisations accordées pour passer aux frontières terrestres en cas de situation d'urgence.
- Réouverture partielle des lieux de culte (les mosquées pour les prières de vendredi et des églises pour les prières du dimanche avec un temps limité) autorisée depuis le 25 juin 2020 en respectant les mesures barrières.
- Couvre-feu instauré dans les provinces du Logone occidental, du Logone oriental, du Mayo Kebbi Ouest et du Mayo Kebbi-Est, du Kanem, du Guéra, dans la ville de N'Djamena, à Mandelia, au Logone-Gana et de N'Djamena-Frah à Guitté a été allégé de 22 heures à 5 heures du matin.

1-3.4/Mesures levées

- Réouverture des marchés, des restaurants, des points de grillade, des boutiques et des magasins de vente d'articles et produits non alimentaires en vigueur depuis le 22 mai 2020.
- Réouverture des lieux d'apprentissage sur l'ensemble du territoire le 22 mai 2020.
- Restrictions sur la circulation entre les provinces des transports interurbains et la circulation des bus de transport intra-urbains ont été suspendues du 21 au 25 juin 2020.
- Restriction relative à l'interdiction de regroupement de plus de 50 personnes a été suspendue à compter du 25 Juin 2020 sous réserve du respect des mesures barrières, est effective depuis le 25 juin 2020.

La levée et l'allégement de certaines mesures ont permis un meilleur approvisionnement des marchés, la disponibilité et l'accessibilité aux aliments préparés pour la vente dans les centres urbains et le long des voies de circulation, la reprise progressive des ateliers et séminaires et la reprise de l'école pour achever le cursus de l'année en cours au niveau des écoles primaires, secondaires, des universités et instituts de formation professionnelles publics et privés. Le desserrement des mesures a permis également une reprise des activités de l'administration publique et du secteur agroalimentaire. Il a également permis aux travailleurs du secteur informel et aux acteurs ruraux de reprendre progressivement leurs activités, entrainant un début de retour à la normalité de la vie quotidienne (FAO, 2020).

1-3.5/ Mesures dont l'application pose problème

L'application de contrôles sanitaires stricts sur toute l'étendue du territoire: jusqu'à ce jour, les tests ne sont ni systématiques ni généralisables par manque de moyens. L'obligation de distanciation physique d'un mètre est régulièrement ignorée par la population tant en milieu rural qu'urbain (FAO,2020).

1-4/Stratégies de survie de la population

La stratégie s'assimile selon Bourdieu, au sens du jeu. De ce fait,

Le bon joueur, qui est en quelque sorte le jeu fait l'homme, fait à chaque instant ce qui est à faire, ce que demande et exige le jeu. Cela suppose une invention permanente, indispensable pour s'adapter à des situations indéfiniment variées, jamais parfaitement identiques. Ce que n'assure pas l'obéissance mécanique à la règle explicite, codifiée quand elle existe (Bourdieu et Lamaison, 1985).

Pour Crozier (1970), la stratégie est un ensemble d'actions qu'un acteur adopte pour préserver ses intérêts. Elle est orientée par des enjeux et zones d'incertitudes contrôlées par l'acteur social. A cet effet, elle permet à chaque acteur de poursuivre ses buts propres individuellement ou en groupe.

Une stratégie de survie quant à elle peut être appréhendée comme une action mise en œuvre, par mesure adaptée par un individu ou groupe d'individus afin de résoudre les problèmes auxquels ils sont confrontés et de survivre. De ce fait, face aux contraintes, les acteurs développent des stratégies en fonction de ressources disponibles et des contraintes qu'ils perçoivent.

En effet, pour les personnes enquêtées au Cameroun, si les mesures restrictives dues à la Covid-19 s'accentuaient, elles envisagent braver les interdictions de déplacement pour exercer leurs activités agricoles et économiques. Ce qui ouvre des possibilités de contracter le virus au contact d'autres personnes, d'objets ou des espaces souillés. D'autres stratégies d'adaptation des populations seraient la vente des épargnes en nature, la consommation de l'épargne monétaire ou le travail des enfants dans le quartier (UNHCR, 2020).

Dans *Les microentreprises féminines et la pandémie de COVID-19 à Brazzaville en République du Congo: simples stratégies ou innovations sociales?*, Ndinga nous fait savoir que les stratégies mises en place par ces femmes sont « ambidextres », c'est-à-dire qu'elles associent aussi bien les stratégies d'exploitation que d'exploration. Les stratégies d'exploitation portent sur les déplacements, la flexibilité dans la gestion de la main d'œuvre et sur l'ajustement des jours et des horaires de travail afin de maintenir un certain niveau d'activité en plein crise pandémique. Les secondes, stratégies d'exploration, quant à elles portent sur la recherche d'une nouvelle clientèle et sur le développement de nouveaux produits pendant cette période de crise. Ainsi, les stratégies d'exploration constituent bien des innovations sociales [en temps de crise] (Ndinga, 2021).

Yapi-Diahou (2020) pour sa part note que:

Le coronavirus ou covid-19 n'a pas de préférence pour un milieu particulier, la ville comme le village, même si les villes sont plus affichées. Dans nos institutions universitaires ou de recherche, il n'est pas encore montré une préférence de Covid-19 pour une discipline d'enseignement ou de recherche. Il frappe et menace ainsi indistinctement, partout et tout le monde. Il bouscule tout et, chacun de nous, où qu'il se trouve, est confiné, limité dans ses mouvements, dans ses activités. Ce faisant, Covid-19 est autant une source d'inspiration et d'initiatives, qu'un facteur de mobilisation au quotidien, et de questionnements pour le futur, notre futur à tous.

C'est ainsi que: « *même, certaines catégories sociales qu'on aurait crues à l'abri du besoin, comme les enseignants, les employés de banque, les douaniers, les forces de l'ordre et autres fonctionnaires doivent pratiquer une seconde activité ou user de basses manœuvres, voire d'expédients, pour arriver à leurs fins* » (Fodouop, 2015).

Suite aux pertes de revenus, « *des familles sont dès lors susceptibles de recourir à des stratégies de survie aux effets préjudiciables tels que la vente d'actifs en catastrophe, prêts à taux usuraire auprès de prêteurs non agréés et travail d'enfants* » (FAO, 2020). Avec la fermeture des écoles, certains enfants peuvent être amenés à épauler leur famille dans des travaux agricoles, que ce soit dans l'exploitation familiale ou en tant que travailleurs rémunérés. Ce qui peut les exposer à des tâches dangereuses ou inadaptées à leur âge. Ainsi, les enfants qui travaillent déjà risquent d'être confrontés à des difficultés accrues et de devoir endosser une responsabilité encore plus lourde pour répondre aux besoins de sécurité alimentaire de leur famille (FAO, 2020).

Face à cette crise sanitaire,

> Quoique pleinement conscients de la réalité et des dangers auxquels ils s'exposent, les agents économiques pourraient développer des biais comportementaux justifiés par un arbitrage entre les risques sanitaires et les risques concurrents avec lesquels ils coexistent, notamment les risques économiques. La gestion du risque économique pourrait ainsi prendre le dessus sur celle du risque sanitaire, la priorité étant de subvenir aux besoins immédiats (Azeng, 2020).

Cette capacité de prise de risque est identifiée par Attali cité toujours par Francklin, Katiana et al comme des « stratégies actives » à la survie, opposée à des « stratégies passives » susceptibles de mener à la destruction de soi. Ainsi, en situation de crise, les plus pauvres font preuve de beaucoup d'imagination pour y faire face. Cette capacité est rendue possible par une « *intense envie de vivre, [une] grande conscience des dangers, une connaissance approfondie de l'environnement, une imagination fertile, de la capacité à s'adapter...* » (Francklin, Katiana et al., op.cit.). Ce qui nous amène à dire que face à une situation de crise, les stratégies sont adoptées en fonction de la situation que cette crise provoque ou engendre.

Ainsi, face à cette crise, la population de la ville de N'Djamena manifeste « *une extraordinaire capacité de résistance, d'innovation et de créativité* » (Ela, 1998) à travers les petits commerces, le jardinage, le clando, la vente à domicile, la vente ambulante, la vente des masques, la réduction de son niveau de vie, etc.

I-2/THEORIES EXPLICATIVES

Par opposition à la connaissance vulgaire, la théorie est: « *Ce qui est l'objet d'une conception méthodique, systématiquement organisée et dépendant par suite, dans sa forme, de certaines décisions ou conventions scientifiques qui n'appartiennent pas au sens commun* » (Ferréol, 2015). La théorie est plus généralement, une construction intellectuelle par laquelle un certain nombre de lois sont rattachées à un principe d'où elles peuvent être déduites rigoureusement. Ainsi, « *la théorie a pour mission de faire une classification et une synthèse des résultats obtenus, d'en présenter un tableau rationnel permettant non seulement d'interpréter ce qui est connu, de prévoir ce qui est encore inconnu* » (Ferréol, idem). Elle aide à comprendre le phénomène et en propose une explication … d'où la phrase « *rien n'est plus utile qu'une théorie* » (Livian, 2015). Son importance nous amène à retenir dans le cadre de ce travail, trois théories sociologiques à savoir: la Sociologie dynamique (ou générative) de Georges Balandier, l'analyse stratégique de Michel Crozier et l'ethnométhodologie de Harold Garfinkel.

2-1/La sociologie dynamique

Développée par **Georges Balandier** (dans son ouvrage **Sens et puissance. Les dynamiques sociales** à Paris, paru aux éditions PUF en 1971), la Sociologie dynamique comme courant de la sociologie française contemporaine se caractérise par la mise en exergue du mouvement, du changement, d'évolutions des sociétés africaines. Cependant, elle ne se contente pas seulement de faire une analyse des mutations ou transformations et changements au sein de ces sociétés mais elle analyse aussi la manière dont ces mutations, ces transformations et ces changements impactent sur celles-ci. En effet, Balandier aborde la question de dynamique dans le cadre des sociétés africaines dites sous-développées. A cet effet, pour cet auteur, chaque société est instable et laisse cohabiter l'ordre et le désordre et par conséquent, il faut analyser les changements nés à partir des crises, des conflits, des tensions, etc.

En effet, Balandier considère le changement comme étant un état permanent qui peut être endogène (ou « du dedans »), c'est-à-dire inhérent à la structure interne où se confrontent les stratégies des acteurs dans un enjeu où se contredisent diverses institutions et multiples structures ou exogène (ou « du dehors »), c'est-à-dire relatif aux contacts et relations entre la société et d'autres sociétés. De ce fait, la dynamique sociale provient des contradictions et des conflits entre différentes instances (sociales). Ce qui conduit aux mutations. Mais le résultat des conflits et des contradictions qui est le changement dont résulte des mutations au niveau de la société en général n'est pas une chose évidente et donnée mais reste à démasquer et à chercher à comprendre derrière les apparences de la réalité. Le changement se traduit également par des conflits entre les institutions qui changent et celles qui perdurent et cela entraine des désajustements (conflits de normes, hausse des déviances, etc.) mais il faut pouvoir distinguer les situations anomiques des désajustements nécessaires.

La sociologie dynamique part du postulat selon lequel: « *la société n'est pas une chose, fixée dans le temps de sa création, elle est constamment en train de se faire et ne peut se définir qu'« en action ». (...) elle est à tout moment emportée par le mouvement qui constitue son histoire propre - l'histoire de son développement et de ses transformations* » (Balandier, 1981). La société n'est pas une chose donnée mais un ajustement approximatif entre diverses structures dans lequel trois ordres de dynamique sont à l'œuvre: la dynamique de reproduction, la dynamique de pleine réalisation de la société et la dynamique de changement. Ainsi, la société est construite. Ce qui veut dire qu'elle n'est objet d'étude que lorsque le chercheur marque une distanciation comme le dit Bourdieu (1980), envers le sens commun et envers sa position. Elle n'est pas un donné mais construite et cela signifie qu'on détruit le discours vulgaire pour construire la problématique sociologique. Elle ne devient objet d'étude que lorsqu'on dévoile les mécanismes du fonctionnement au-delà des apparences auxquels se contente le sens commun. C'est de cette façon que les structures ne sont pas à nos yeux juxtaposées mais en relation d'interdépendance où elles s'influencent. Ainsi, Balandier parle des trois ordres de dynamique. De ce fait, une société sans conflit est une société morte, elle n'est pas appelée à évoluer, à changer mais à disparaitre, à mourir dans la mesure où c'est à partir de ces tensions, ces conflits qu'elle change, bouge, évolue et se développe. Ainsi, aucune société n'est contrainte à vivre replier sur elle-même. Ce qui confirme que toutes les sociétés ne sont pas statiques mais dynamiques c'est-à-dire en perpétuels changements, en perpétuelles évolutions et donc, elles se reproduisent continuellement.

Balandier utilise un certain nombre de concepts à savoir: le changement, la société et la contre-société, la mutation, la transformation, la transition, la «

dynamique du dedans », la « dynamique du dehors », la rupture et continuité, etc. Par dynamique « du dedans », Balandier pense qu'il existe au sein de chaque société des éléments internes qui travaillent à sa transformation ou à son développement. Ce qu'il nomme « dynamique du dedans ». Par dynamique « du dehors », l'auteur parle des éléments externes qui viennent soit renforcer soit pour détruire les forces intérieures. Cependant, c'est la rencontre de ces dynamiques qui provoque le changement. La mutation est ainsi, une rupture dans la continuité, une conjonction ou un événement provoquant une transformation profonde et assurant une continuité par d'autres moyens.

L'opérationnalisation de cette théorie dans notre travail, nous amène à considérer la Covid-19 comme un facteur de changement, de transformation et de mutation de la société tchadienne en général et de la ville de N'Djamena en particulier dans la mesure où elle impacte la société tchadienne, bouleverse le mode de vie de cette population, rend complexe les relations sociales, changent ses habitudes alimentaires. Cette crise est aussi un « désordre », un « événement brusque » et brutal qui établit un nouvel ordre social dans la vie de la population de N'Djamena.

De plus, les « dynamiques du dehors » et les « dynamiques du dedans » nous ont permis d'identifier et d'expliquer les facteurs internes et externes ayant permis la crise. La sociologie dynamique de Balandier nous a donc permis de comprendre que la crise sanitaire de la Covid-19 est la résultante de la « dynamique du dehors » qui prend en compte le fait que cette pandémie nous est venue (imposée) de l'extérieur dans la mesure où elle a débuté en Chine et a atteint d'autres pays en général et le Tchad en particulier grâce à la mondialisation facilitant le contact des individus les uns avec les autres et qui en même temps, est devenue un facteur de sa propagation. Elle est aussi la résultante de la « dynamique du dedans » c'est-à-dire des mesures barrières (la distanciation physique, le confinement, l'arrêt des activités, la fermeture des frontières et des aéroports, le couvre-feu, la quarantaine, etc.) prises par l'État pour contenir la propagation de la pandémie. Ces mesures ont entrainé des changements de mode d'alimentation, une augmentation du prix de transport, la cherté de vie, ont rendu complexe les relations,... Bref la situation difficile que traverse la population de N'Djamena en est le résultat (de cette action: les mesures barrières). Les stratégies de survie mises en place par cette population peuvent également être appréhendées ou considérées comme une « dynamique du dedans » en vue de riposter à une contrainte qui est venue de l'extérieur à savoir la Covid-19 et les mesures prises par l'État en vue de contrecarrer la propagation de la pandémie. Lesquelles mesures impactent le mode de vie de cette population.

Ainsi, nous considérons la population de N'Djamena comme un acteur, capable de transformer cette situation difficile imposée par la crise sanitaire de la Covid-19, en de nouvelles stratégies de survie et d'adaptation au changement. En prenant en compte le point de vue de Balandier cité par Ignafiné, *« Les situations de passage sont vécues sous le double signe de l'événement et du problème, les formes de la pensée novatrice sont celles de l'anticipation qui imagine les solutions et élimine l'impossible »* (Ignafiné, 2020), nous pouvons dire que les stratégies de survie sont comme le résultat de l'imaginaire de la population de N'Djamena et sont comme des solutions qui lui permettent de se mettre à l'abri de la crise. C'est pourquoi Ela cité par Ignafiné disait:

> Ce qui doit préoccuper la recherche en Afrique noire, c'est de savoir si les mutations profondes qui affectent les individus et les groupes condamnés à réagir aux traumatismes de l'histoire contemporaine, n'exigent pas la mise en œuvre d'une sociologie de l'imaginaire social (Ignafiné, idem).

Puisque la crise n'a pas empêché les capacités de créativité, d'innovation et d'entreprenariat de la population de N'Djamena à se manifester. Les mesures prises par l'État et les stratégies de survie de la population sont la résultante du changement. Ce qui confirme que la société est en mouvement et donc en perpétuel changement. Enfin, la sociologie dynamique de Balandier nous a permis de comprendre qu'un changement peut produire un autre changement. Ainsi, la crise sanitaire a créé un changement dans le mode de vie de la population et a contribué à la naissance d'un nouvel dynamisme se traduisant par la reconversion à d'autres activités/métiers et à la création d'autres sources de revenu.

2-2/L'analyse stratégique

Théorie élaborée par **Michel Crozier et Erhard Friedberg** (dans leur ouvrage intitulé *L'Acteur et le Système* publié en 1977 à paris, à l'édition Seuil), l'analyse stratégique part du postulat selon lequel: *« Dans une organisation sociale, l'acteur n'est jamais contraint »* (Crozier, 1970). Cela signifie que quel que soit le degré de coercition d'une société, dans toutes les situations, tous les problèmes ne peuvent lui être strictement règlementés de manière à lui imposer dans chaque cas, une seule voie à suivre. De ce fait, il dispose d'une marge de liberté exploitable à la faveur des zones d'incertitudes que les « vides » du système social lui ménagent. En effet, le fonctionnement réel de l'organisation est la résultante des multiples jeux stratégiques qui se tissent entre les acteurs.

Les postulats de base récusent la possibilité même d'un modèle généralisable. De ce fait, ils reposent sur la conviction issue de l'observation, qu'il n'y a pas de systèmes sociaux entièrement réglés ou contrôlés. Car *« Ça coince toujours quelque part »* (Ferréol, 2015). A cet effet, *« l'organisation la plus parfaite prend l'eau en permanence et ne peut jamais cesser d'écoper »* (Exiga, Piotet et Sainsaulieu, 1981). Le seul point assuré est donc la permanence de l'imprévu, l'incertitude quant à la solution des problèmes. Selon la conception behavioriste de l'Organisation Scientifique du Travail (OST) et des Ressources Humaines (RH), l'analyse stratégique met en exergue un acteur libre, opportuniste, au comportement rationnel, même si cette rationalité est limitée. L'individu n'est donc pas totalement déterminé, ni déterminable dans son comportement. Entre les contraintes et les projets s'établit alors une sorte de jeu qui traduit le fonctionnement réel de l'organisation. Ce qui confirme que l'acteur social n'est donc pas passif mais actif, un agent libre ayant ses propres buts. Il est d'une part libre parce que l'organisation quoi qu'étant une machine à rationaliser, a ses buts; d'autre part, l'individu possède ses propres buts parce qu'étant membre de l'organisation, il a la possibilité de développer ses propres stratégies. De ce fait, il utilisera les ressources dont il dispose de la manière la plus judicieuse qui soit, compte tenu des contraintes du moment tel qu'il les perçoit depuis sa position.

Dans cette théorie, Crozier et Friedberg utilisent un certain nombre de concepts à savoir: le pouvoir, l'acteur, l'organisation, la zone d'incertitude, le système d'action concret, la stratégie, rationalité limitée. En effet, par « pouvoir », ils entendent la capacité d'une personne (A) d'obtenir d'une autre personne (B) de faire ce que la personne (A) lui demande de faire. La notion d'« acteur » renvoie à un individu rationnel, actif qui poursuit individuellement ou en groupe des intérêts propres tout en cherchant à rester imprévisible. Le concept d'organisation quant à lui, renvoie à un cadre commun de l'action collective et aux jeux de chacun; un système qui rend les acteurs solidaires et concurrents et les oblige à des négociations entre eux dans la mesure où aucun système n'est entièrement réglé ou contrôlé c'est-à-dire prévisible. De plus, une « zone d'incertitude » constitue la ressource fondamentale de toute négociation. De ce fait, c'est l'organisation qui définit les zones d'incertitude et la marge de liberté possible des acteurs. Un système d'action concret est un phénomène humain qui se maintient par des jeux structurés qui définissent à l'avance les possibilités rationnelles de chacun des acteurs. Le concept de « stratégie » quant à lui, renvoie à un moyen mis en œuvre par un acteur de manière rationnelle mais d'une rationalité limitée. Enfin, la notion de rationalité limitée signifie qu'un individu ne peut pas comparer simultanément toutes les solutions possibles et leurs conséquences probables pour choisir la meilleure et s'arrêter à la première solution satisfaisante.

Ainsi, dans le cadre de notre étude, l'analyse stratégique nous a permis de comprendre que les mesures barrières prises par l'État sont comme une contrainte, «un système d'actions concret » et comme un espace de multiples jeux stratégiques où la population développe des stratégies en fonction de son intérêt en jeu. Ces mesures barrières ont des « zones d'incertitudes » que la population transforme en marge de liberté pour atteindre son propre objectif. Ce qui nous amène à confirmer avec Crozier et Friedberg que la population n'est pas totalement déterminée ni déterminable, ni contrainte par les règles (mesures barrières) qui régissent la société tchadienne en ce temps de crise car compte tenu de sa capacité physique, elle s'approprie les mesures barrières et met sur pied des stratégies. Lesquelles stratégies lui permettent de contourner ces zones d'ombres laissées par ces mesures barrières afin d'atteindre son propre objectif. Ce contournement des zones d'incertitudes permet ainsi à la population d'exercer des activités. Ces activités sont comme des stratégies permettant à la population de la ville de N'Djamena d'accumuler de revenu, de vivre le jour au jour et de subvenir à ses besoins essentiels. L'analyse stratégique nous a aussi permis de comprendre de manière globale les « stratégies de survie » mises en œuvre par la population pour se mettre à l'abri de la crise sanitaire. De manière plus clair, elle a été nécessaire voire utile dans la compréhension de la reconversion à d'autres activités (des petits commerces, préceptorat, etc.) comme des stratégies de survie voire d'adaptation de la population de N'Djamena pour *« tirer tous les avantages possibles de sa propre situation stratégique[19] »* (Crozier, 1963). De plus, elle nous a permis de comprendre que les comportements de la population de la ville de N'Djamena sont rationnels « guidés par de bonnes raisons ». Ainsi, l'analyse stratégique nous a permis de montrer que la population n'est pas restée passive sans rien faire mais elle a mis sur pied des stratégies de survie.

2-3/L'Ethnométhodologie

Courant de la Sociologie américaine né dans les années 1960, l'ethnométhodologie fut fondée et développée par Harold Garfinkel (dans son ouvrage intitulé: *Studies in ethnomethodology* paru en 1967). Davantage qu'une théorie constituée, elle est une perspective de recherche, une nouvelle posture intellectuelle. Elle est donc la recherche empirique des méthodes que les individus utilisent pour donner sens et en même temps accomplir leurs actions de tous les jours: communiquer, prendre des décisions, raisonner. Contrairement à Durkheim qui dit qu'il faut considérer les « faits sociaux comme des choses », Garfinkel rétorque qu'il faut considérer les « faits sociaux comme des accomplissements pratiques de tous les jours ». De ce fait, ils sont *« la résultante de l'activité permanente des acteurs qui mettent en pratique dans la vie de tous les jours, un savoir pratique et un sens commun servant à la réalisation de tâches routinières»* (Coulon, 1987). L'ordre social est de ce fait, comme un accomplissement méthodique. Et la réalité sociale constamment créée par les acteurs n'est pas une donnée préexistante. Ainsi, le monde n'est pas donné une fois pour toutes, il se réalise dans nos accomplissements pratiques.

En effet, pour Garfinkel, les études ethnométhodologiques:

> Traitent les activités pratiques, les circonstances pratiques, et le raisonnement sociologique pratique, comme des sujets d'étude empirique. En accordant aux activités banales de la vie quotidienne la même attention qu'on accorde habituellement aux événements extraordinaires, on cherchera à les saisir comme des phénomènes de plein droit (Coulon, 1987).

Son intérêt majeur porte ainsi, sur les activités pratiques et en particulier, le raisonnement pratique, qu'il soit professionnel ou profane. Les ethnométhodologues s'intéressent donc à documenter en détail comment les individus en société (ceux que Garfinkel appelle membres) travaillent en créant une réalité sociale organisée et ordonnée. Pour Zimmerman (1976), l'ethnométhodologie traite ainsi des comptes rendu du monde social que font les membres comme des accomplissements en situation mais non comme des indices de ce qui se passe vraiment. Les études ethnométhodologiques analysent les activités quotidiennes des membres comme des méthodes qui rendent ces mêmes activités visiblement rationnelles et rapportables à toutes fin pratiques, c'est-à-dire descriptibles en tant qu'organisation ordinaire des activités de tous les jours.

L'ethnométhodologie part du postulat selon lequel, les acteurs sociaux ne sont pas des idiots culturels. Ils mettent en place des ethnométhodes ou des méthodes de communauté, groupe, méthodes pratiques de savoir ordinaire pour résoudre leur problème et pouvoir vivre. Pour Garfinkel, dans la vie de tous les jours, les membres de tout groupe ont des méthodes ordinaires pour définir leur situation, coordonner leurs activités, prendre de décisions. Ils se servent de leur connaissance de l'organisation sociale ou de leur environnement pour exhiber de conduite régulière, typique. De ce fait, l'ethnométhodologie désigne une discipline qui étudie la façon dont un groupe résout ses problèmes concrets.

Dans l'ethnométhodologie, Garfinkel utilise un certain nombre de concepts à savoir: l'indexicalité, la réflexivité, accountability et membres. Par la notion d'indexicalité, l'auteur veut nous faire comprendre qu'un mot n'a de sens que dans son contexte de production, le sens d'un mot est rattaché à son contexte. En ce qui concerne la notion de réflexivité, Garfinkel nous fait savoir que c'est un phénomène observable dans les comportements. Elle influe sur la manière dont chacun interprète les signes qu'il observe pour construire un sens. C'est un processus de création de sens qu'un individu met en œuvre lorsqu'il est confronté à une situation indexicale. Bref par réflexivité, l'on entend le sens que l'individu donne lui-même à un mot en fonction de sa culture. Par « accountability », il veut nous dire que les faits sociaux sont observables, descriptibles, rapportables et analysables. De ce fait, l'analysabilité du monde social, sa descriptibilité et son objectivité se révèlent dans les actions pratiques des acteurs. Enfin, la notion de membres se réfère aux individus d'un groupe, d'une communauté.

Dans cette étude, cette théorie nous a permis de comprendre la manière dont la population de N'Djamena utilise des savoirs pratiques ordinaires pour résoudre ses problèmes comme la perte de travail, la baisse de revenu, le chômage, la cherté de vie, l'augmentation du prix des bus et denrées alimentaires pour ne citer que ceux-là afin de pouvoir survivre face à la crise. Elle nous amène à considérer les activités faites au quotidien par la population comme des ethnométhodes, des mécanismes de « ripostes endogènes » à la crise sanitaire de la Covid-19 dans la ville de N'Djamena. L'ethnométhodologie nous a donc permis de comprendre que face à cette situation que traverse le Tchad en général et la ville de N'Djamena en particulier, la population de N'Djamena n'est pas restée passive, indifférente mais active. De ce fait, elle a mis en place des ethnométhodes, des activités qui, sont des moyens de survie face à cette situation imposée par la crise. Ce qui prouve à suffisance que les individus ne sont pas des idiots culturels mais au contraire des individus rationnels. Ce qui nous amène à dire aussi que la population de N'Djamena n'est pas une « idiote culturelle » mais un individu rationnel. C'est cette rationalité qui la pousse à mettre sur pied des ethnométhodes, mécanismes de ripostes (endogènes) à la crise. Elle nous a aussi permis de comprendre le sens que cette population donne à son activité quotidienne. Enfin, la notion d'« accountability » nous a permis de dire et de montrer que ces activités sont observables, descriptibles, rapportables et analysables.

De tout ce qui précède, ce chapitre nous a permis d'avoir une connaissance générale de la pandémie de la Covid-19, des facteurs externes (ce que Balandier appelle dynamique du dehors) et des facteurs internes (dynamique du dedans selon Balandier) ayant causé cette pandémie et entrainé cette crise qui n'est pas seulement sanitaire mais également économique et sociale. Il nous a permis également de voir et de comprendre les mutations, les changements et les transformations qu'elle a engendrés. De plus, il a nous permis de prendre connaissance des différents points de vue des auteurs sur la question des impacts de cette pandémie sur tous les plans, les mesures prises par l'État pour contenir sa propagation et enfin les stratégies mises en œuvre par la population pour survivre en ce temps de crise.

CHAPITRE II

APPROCHE PRAGMATIQUE DE MESURE DE LA COVID-19

L'approche de recherche dite pragmatique est une approche qui consiste à mettre l'accent sur le problème de recherche. De ce fait, toutes les approches pluralistes disponibles sont utilisées pour comprendre et répondre au problème et y dériver des connaissances (Creswell, 2014).

Ce second chapitre qui met en exergue la méthodologie utilisée, consistera dans un premier temps, à présenter notre zone d'étude; notre approche de recherche et le type de méthode utilisé. Ensuite, nous opérationnaliserons les variables; décrirons le questionnaire et le guide d'entretien. Et enfin, nous énumérerons les difficultés rencontrées.

II-1/ Présentation de la zone d'étude

Cette partie consacrée à la présentation de notre zone d'étude qui est la ville de N'Djamena nous permettra de faire une description historique et géographique, de présenter sa situation démographique et enfin, sa situation sanitaire.

1-1/Description historique et géographique de la ville de N'Djamena

Fondée le 29 mai 1900 par l'explorateur français Emile Gentil sur l'emplacement d'un petit village kotoko, la ville de N'Djamena portait à sa création le nom de Fort-Lamy, en souvenir du commandant Amédée François Lamy, décédé à la bataille de Kousseri du 22 avril 1900. Le 6 novembre 1973, elle fut baptisée N'Djamena, du nom d'un village arabe voisin (Am Djamena), c'est-à-dire le lieu où l'on se repose (Nguezoumka, 2010).

En effet, située *« entre le 12e et le 7e degré de latitude Nord et entre le 15e et 3e degré de longitude Est [10] »*, N'Djamena est la capitale et la plus grande ville du Tchad. Elle est *« limitée au Sud-Est à Gassi (7ème arrondissement) au Sud à Toukra (9ème arrondissement); au Nord-Est à Lamadji et Gaoui (10ème arrondissement). Cette délimitation constitue également les principaux points d'entrées et de sorties de la capitale. A cela s'ajoute les confins de Nguéli.[11] ».* Selon Ngaressem cité par Nguezoumka, la ville de N'Djamena s'étire sur plus de 15 km le long de la rive droite du Chari, à l'aval et à l'amont de son confluent

---

[10] https://atrenviro.pro/publications/articles/ville-de-ndjamena-quartiers/
[11] https://tchadinfos.com/tchad/tchad-voici-la-delimitation-de-la-ville-de-ndjamena/

avec le Logone et est assise sur un sol argileux. Elle est ainsi en pleine expansion spatiale vers l'Est, l'Ouest, et le Nord et est divisée en dix (10) arrondissements municipaux (Nguezoumka, 2010). Ces arrondissements ont soixante-cinq (65) quartiers. « *Le 1er arrondissement a 11 quartiers; le 2e arrondissement quant à elle, à 5 quartiers; le 3e pour sa part, a 6 quartiers, le 4e de son côté a 4 quartiers; le 5e, a 3 quartiers, le 6e, a 2 quartiers; le 7e, 10 quartiers; le 8e, a 6 quartiers; le 9e a 7 quartiers et enfin le 10e, a 10 quartiers [12]* ». Ainsi, « *beaucoup de ces quartiers, surtout ceux périphériques, sont en banco et non urbanisés. Comme beaucoup d'autres villes africaines, N'Djamena souffre du manque de logements satisfaisant les normes attendues par les expatriés occidentaux[13]* ».

La ville de N'Djamena a un climat Sahélo-Soudanien caractérisé par des vents violents et poussiéreux, des averses brutales et ponctuelles et une chaleur caniculaire durant les mois de mars, d'avril et de mai. Ce qui influe d'une manière ou d'une autre la disponibilité de certaines sources d'énergie. Située dans la zone tropicale, elle subit le phénomène du front intertropical qui, se matérialise par la rencontre de deux vents à savoir: l'anticyclone provenant du Sahara, l'Harmattan (vent chaud et sec, soufflant du Nord-Est vers le Sud-Ouest et ayant lieu du mois d'octobre à avril) et l'anticyclone de Saint Hélène appelé la Mousson, vent humide qui souffle du Sud-Ouest vers le Nord-Est (Nguezoumka, idem).

En ce qui concerne les précipitations, la ville de N'Djamena connait une mauvaise répartition de pluies. Cette mauvaise répartition de pluies est accentuée par leur concentration, chaque année sur les mois de juillet, août et septembre. Durant ces trois mois les précipitations sont très fréquentes et abondantes, 50 à 300mm de pluies sont enregistrées (Nguezoumka, 2010).

La température moyenne mensuelle de son côté, ne descend guère en dessous de 20°C. Les moyennes minimales et maximales sont respectivement 19°C et 39°C mais varient avec les saisons. De mars à mai, période considérée comme chaude, l'on a des températures maximales de 43°C et minimales de 26°C. De décembre à janvier, période fraiche, ces valeurs tombent à 32°C et 12°C. L'amplitude thermique quant à elle, oscille autour de 20°C. Ce qui conduit à prendre en compte l'ensoleillement et les vents, dans la construction de logements en vue de protéger l'Homme et les matériaux de constructions des agressivités des éléments climatiques (Nguezoumka, op.cit.).

---

[12] https://atrenviro.pro/publication/articles/ville-de-ndjamena-quartiers/
[13] https://atrenviro.pro/publications/articles/ville-de-ndjamena-quartiers/

1-2/Situation démographique de la ville de N'Djamena

Les villes d'Afrique au sud du Sahara en général et celle de N'Djamena en particulier connaissent une forte croissance démographique et une urbanisation rapide. Cette croissance urbaine est due en partie à l'accroissement démographique naturel mais surtout le résultat d'une migration des campagnes vers des villes.

En effet, la ville de N'Djamena concentre 40% de la population totale urbaine et connait un taux de croissance annuelle de 7% et a connu une importante évolution. D'environ 10 000 habitants en 1937, elle a doublé de 20 000 en dix ans. Dans les premières années de l'indépendance, la population a accru en quintuplant en 20 ans pour approcher 130 000 habitants à la fin des années 1960. La plus grande évolution s'est opérée entre 1970 et 1990, marquant un tournant décisif dans l'histoire récente de la ville de N'Djamena en particulier et du Tchad en général. La sécheresse de 1973-1974, le coup d'État militaire du 12 avril 1975 ainsi que la grande guerre civile qui a suivi quatre ans plus tard ont été à la base d'importants mouvements de la population venant autant des régions méridionales et septentrionales du pays, renforçant davantage le cosmopolitisme de la ville (Nguezoumka, ibidem). Cet afflux massif de réfugiés a permis l'installation dans les années 1980 de nouveaux arrivants dans les zones dépressionnaires inondables et marginales, accessible sur le plan foncier mais défavorables aux établissements humains. Ainsi, la ville de N'Djamena a de nos jours, « *1 243 994 habitants (sur) avec une superficie de 395 km². [14]* ».

Graphique 1. Âge de la population de la ville de N'Djamena

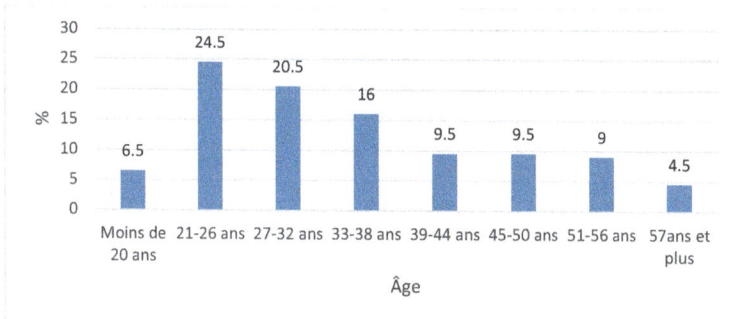

Source: Enquête de terrain, Juin 2021.

---

[14] https://www.populationdata.net/pays/tchad/amp/

Ce graphique nous montre qu'à N'Djamena, 6,5% de la population est âgé de moins de 20 ans; 24,5% est âgé de 21 à 26 ans; 20,5%, de 27 à 32 ans; 16%, de 33 à 38 ans; 9,5%, de 39 à 44 ans; 9,5%, 45 à 50 ans; 9%, de 51 à 56 ans et enfin, 4,5% est âgé de 57 et plus. Ainsi, à N'Djamena, 40% de la population est jeune et 60% quant à lui, est adulte.

Graphique 2. Niveau d'instruction de la population de la ville de N'Djamena

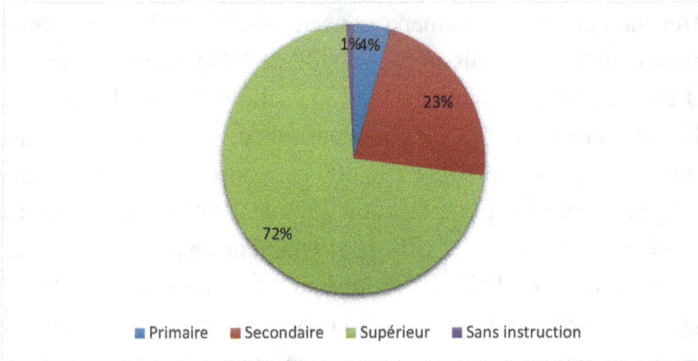

Source: Enquête de terrain, juin 2021.

Le graphique 2 nous montre qu'à N'Djamena en ce qui concerne le niveau d'instruction, 4% de la population a le niveau primaire; 23%, le niveau secondaire; 72% a le niveau supérieur et 1% quant à lui, n'est pas instruit. Ainsi, il ressort de ce graphique, que la population de N'Djamena est instruite (99%).

Graphique 3. Statut matrimonial de la population de la ville de N'Djamena

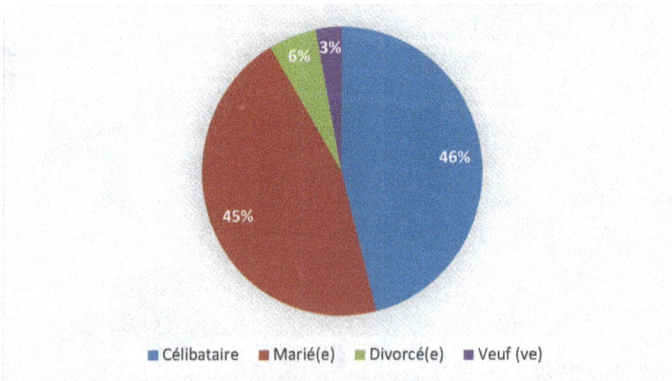

Source: Enquête de terrain, juin 2021.

Ce graphique nous montre qu'à N'Djamena, 46% de la population est célibataire; 45% est marié; 6% est divorcé et enfin, 3% est veuf.

1-3/Situation sanitaire de la ville de N'Djamena

Selon le comité de gestion de la crise sanitaire, la situation épidémiologique est « extrêmement préoccupante » dans la ville de N'Djamena déjà isolée du reste du pays. De ce fait, en moins d'une semaine, 241 patients ont été enregistrés entre le 30 décembre et le 05 janvier, soit une augmentation de 90%. Cette flambée est due selon ce comité au non-respect du protocole sanitaire et des gestes barrières édictés par le gouvernement (Chafardine, 2021).

En effet, à N'Djamena, plusieurs cas (personnes atteints de la Covid-19) ont été confirmés et enregistrés à l'Hôpital Provincial de Farcha. A cet effet, un « total de 1458 cas a été confirmé et enregistré allant du 19 mars au mois de mai 2021. Parmi ces cas, 1139 sont de sexe masculin et 309 sont de sexe féminin.[15]».

La ville de N'Djamena dispose de plusieurs cabinets médicaux, cliniques et hôpitaux. Parmi les cabinets de soins médicaux, nous avons: le Cabinet du Dr Tetimiam, Cabinet Erre Ba, Cabinet médical Rapha, Cabinet Vision plus, Cabinet Mon Plaisir, Cabinet dentaire Acropolis, Cabinet N'Djamena Optique Médicale, etc.

A cela, s'ajoute les cliniques telles que: la Clinique Al Iladj, Clinique Emi Koussi, Clinique La Reference, Clinique La Rose, Clinique La Samaritaine, Clinique Le Sao, Clinique Médico-chirurgicale "La Grâce", etc.

Elle dispose aussi de quatre hôpitaux à savoir: l'Hôpital Général de Référence Nationale, Hôpital de la Renaissance, Hôpital de l'amitié Tchado-Chine, Hôpital de la mère et de l'enfant. En plus de ces hôpitaux, l'on a aussi l'Hôpital Provincial de Farcha (Zaraf) est créé en février 2018 dans le dessein de soigner toutes maladies. Cependant, il fut transformé avec l'arrivée de la pandémie de la Covid-19 en un hôpital de prise en charge des malades de la Covid-19.

---

[15] Statique donnée par le surveillant général de l'Hôpital Provincial de Farcha le 20 septembre 2021

Figure 1. Hôpital Provincial de Farcha

Source: Montanan Yan Djimaltan, photographie du 30 juin 2021.

II- 2/Approche pragmatique de recherche

Dans le cadre de ce travail, l'approche de recherche utilisée est l'approche pragmatique. Ce qui nous intéresse, ce sont les questions de recherche. A cet effet, la question principale est: Comment la population de N'Djamena répond-t-elle à la crise sanitaire de la Covid-19 pour sa survie? Et les questions spécifiques sont: Quels sont les impacts de la Covid-19 sur le mode de vie de la population de N'Djamena? Quel est le niveau d'adhérence de la population de N'Djamena face aux mesures prises par l'État tchadien pour contenir la propagation de la pandémie de la Covid-19? Quelles sont les stratégies de survie mises en œuvre par la population de N'Djamena? Ainsi, l'on a fait recours aux méthodes quantitative et qualitative pour y répondre c'est-à-dire à la méthode mixte et plus précisément à la méthode mixte séquentielle explicative.

II-3/Méthode mixte séquentielle explicative

Définie comme un ensemble d'opérations utilisées par les sciences sociales pour atteindre, démontrer et vérifier les vérités qu'elles poursuivent (Grawitz, 2001), le choix d'une méthode s'inscrit dans une stratégie de recherche (Combessie, 2001) et s'opère en fonction de la problématique de recherche, les objectifs à atteindre et la nature des données à collecter. C'est pourquoi dans notre étude, l'on a fait recours à la méthode mixte et plus précisément à la méthode mixte séquentielle explicative. Le choix de cette méthode dans notre étude est dû au fait que le mélange de données (quantitatives et qualitatives) fournit une meilleure compréhension du problème ou de la question posée et ainsi de combler les limites de chacune de ces méthodes c'est-à-dire quantitative et qualitative (Creswell, 2014). Ainsi, la méthode mixte séquentielle explicative nous a permis de vérifier nos hypothèses émises au départ et de répondre à nos questions dites de recherche. Elle a ses manières de collecter, d'analyser et d'interpréter les données, qui diffèrent de celles de la méthode unique (qualitative ou quantitative).

3-1/Conception de la recherche

La méthode mixte séquentielle explicative comprend deux phases en ce qui concerne la collecte, l'analyse et l'interprétation des données. Chacune d'elles a sa manière de procéder qui diffère de celle de la méthode unique qualitative ou quantitative. Ainsi, les données qualitatives permettent d'expliquer en détail les résultats quantitatifs (Creswell, 2014).

3-2/Collecte des données

La méthode mixte séquentielle explicative a sa manière de collecter les données qui diffère de méthode unique c'est-à-dire la méthode qualitative ou quantitative. A cet effet, la collecte de nos données sur le sujet: « Stratégies de survie de la population de la ville de N'Djamena contre la crise sanitaire de la Covid-19 » s'est faite en deux phases.

La première phase a consisté à la collecte des données quantitatives sur le sujet ci-haut mentionné grâce à un questionnaire, outil de collecte de données quantitatives.

La seconde, quant à elle a consisté à la collecte des données qualitatives toujours sur le même sujet mais guidé par le manquement de la méthode quantitative grâce à un entretien directif, outil de collecte de données qualitatives.

3-3/Analyse des données

L'analyse des données dans la méthode mixte séquentielle diffère de celle utilisée dans la méthode unique. De ce fait, l'analyse de nos données sur le sujet: « Stratégies de survie de la population de la ville de N'Djamena contre la crise sanitaire de la Covid-19 » s'est faite en deux phases. Dans un premier temps, nous avons procédé à l'analyse de nos données quantitatives et dans le second, à l'analyse des données qualitatives.

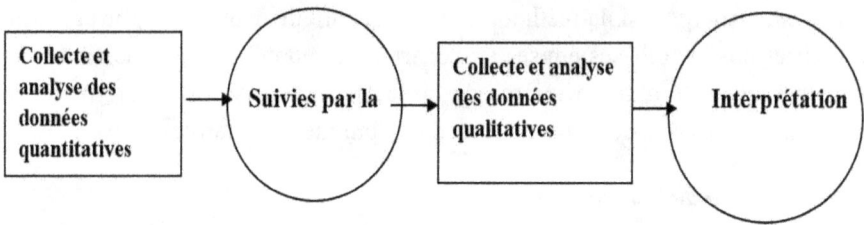

| Collecte et analyse des données quantitatives | → | Suivies par la | → | Collecte et analyse des données qualitatives | → | Interprétation |

Source: Creswell, 2014

3-3.1/ Méthode d'analyse des données quantitatives

Les données quantitatives issues de notre questionnaire ont été soumises à un traitement statistique plus précisément à un logiciel statistique appelé SPSS (Statistical Package for Social Sciences) version 20.

En effet, l'opération a consisté dans un premier temps, à la codification de nos questionnaires c'est-à-dire à attribuer des numéros ou numéroter les questionnaires administrés. Ce qui nous a permis dans un deuxième temps, de faire la saisie dans le logiciel ou d'intégrer les données dans le tableau du logiciel. Enfin, l'on a fait recours au tri simple ou tri à plat qui se rapporte à l'analyse univariée et au tri-croisé qui se rapporte à l'analyse bivariée. Cet outil nous a donc permis de faire des tests d'inférence et d'obtenir des tableaux statistiques différentiels et des pourcentages.

En somme, cette méthode est tournée vers la causalité et utilisée dans notre étude pour chercher la relation de cause à effet des stratégies de survie de la population de la ville de N'Djamena. Cette analyse mobilise ainsi un ensemble de déterminants appelé variables explicatives.

3-3.2/ Méthode d'analyse des données qualitatives

Les données qualitatives issues de nos différents entretiens ont été soumises à une analyse des données qualitatives à savoir: l'analyse de contenu.

L'analyse de contenu, instrument de mesure ou outil d'analyse des données qualitatives, est une technique fondamentale en sciences sociales. Elle consiste à analyser « *le sens que les acteurs donnent à leurs pratiques et aux événements auxquels ils sont confrontés: leurs représentations sociales, leurs systèmes de valeurs, leurs repères normatifs, leurs interprétations de situations conflictuelles ou non, leurs lectures de leurs propres expériences, etc. »* (Campenhouldt et Quivy, 2011). C'est aussi le *« traitement méthodique des informations et des témoignages qui présentent un certain degré de profondeur et de complexité, comme par exemple les rapports d'entretiens semi-directifs »* (Campenhouldt et Quivy, idem).

Dans ce travail, l'analyse de contenu a consisté dans un premier à la retranscription de nos données collectées à N'Djamena, puis à leur catégorisation selon les tendances ou thèmes et enfin, à leur interprétation. Ainsi, l'utilisation de cette méthode d'analyse nous a permis d'analyser le discours de la population de N'Djamena, sa manière de voir les choses et le sens qu'elle donne à ses pratiques et à la situation difficile qu'elle vit. Autrement dit, elle nous a permis d'analyser toutes les informations recueillies à l'aide de nos entretiens semi-directifs sur les stratégies de survie de la population de la ville de N'Djamena contre la crise sanitaire de la Covid-19. Ce qui nous a permis de confirmer ou d'infirmer nos hypothèses émises au départ et enfin de procéder à des conclusions.

3-4/Interprétation des données

Dans ce travail, l'interprétation de nos données diffère de celle utilisée dans la méthode unique. Contrairement à la méthode unique qui interprète soit les données qualitatives, soit les données quantitatives; la méthode mixte séquentielle interprète les deux données (quantitatives et qualitatives). Ainsi, nous avons interprété nos données collectées auprès de nos enquêtés à N'Djamena sur le sujet mentionné ci-haut. Elle s'est faite en trois phases.

Dans la première phase, nous avons interprété nos données quantitatives collectées à N'Djamena auprès de nos enquêtés. Enfin, dans la seconde, nous avons procédé à l'interprétation de nos données qualitatives collectées toujours à N'Djamena auprès de nos interviewés. Enfin, la troisième phase d'interprétation, a consisté à utiliser les résultats qualitatifs pour expliquer davantage les résultats quantitatifs.

3-5/Validité des données

Dans ce travail, nous avons considéré en dehors, des variables socio-démographiques, d'autres facteurs à savoir: l'impact de la pandémie de la Covid-19 sur le mode de vie de la population de N'Djamena, le niveau d'adhérence de la population de N'Djamena face aux mesures prises par l'État pour contenir la propagation de la pandémie et enfin, les stratégies mises en place par la population de la ville de N'Djamena pour sa survie.

II-4/Tableau d'opérationnalisation des variables

Hypothèse principale	Hypothèse spécifiques	Variables	Indicateurs	Modalités
La population fait face à la crise sanitaire de la Covid-19 en mettant sur pied des stratégies.	HS1 : La crise sanitaire de la Covid-19 a impacté le mode de vie de la population de N'Djamena.	VI : Crise sanitaire de la Covid-19.	-Personnes malades de la Covid-19	Taux de malades dans la famille
			-Décès	Taux de décès dans la famille
		VD : Impact sur le mode de vie de la population de N'Djamena.	-Changement de mode d'alimentation	Nombre de fois où on se nourrit par jour
			- Augmentation du coût des produits	Plus cher, cher, moins cher
			-Perte du travail	Taux de personnes qui ont perdu du travail
	HS2 : La population adhère aux mesures prises par l'État pour limiter la propagation de la pandémie de la Covid-19.	VI : Mesures prises par l'État pour limiter la propagation de la pandémie de la Covid-19.	-Couvre-feu	Nombre de fois où ils le respectent
			-Quarantaine	Nombre de fois où ils sont mis en quarantaine
			-Confinement	Nombre de fois où ils sont confinés
		VD : Niveau d'adhérence de la population de N'Djamena aux mesures prises par l'État.	-Port de masque	Quotidiennement, hebdomadairement, occasionnellement
			-Distanciation physique	Très souvent, parfois, jamais
			-Lavage des mains	Toujours, parfois, jamais

HS3: Les stratégies de survie mises en œuvre par la population de N'Djamena sont efficaces	VI: Stratégies de survie de la population de N'Djamena.	-Petits commerces	Vente de légumes, de masques, autres denrées alimentaires
		-Préceptorat	Tous les jours, occasionnellement, souvent
		-Reconversion à d'autres métiers	Chauffeur, précepteur, commerçant
	VD: Efficacité des stratégies de survie contre la Covid-19	-Satisfaction des besoins	Se nourrir, payer le loyer, payer les factures
		-Amélioration des conditions de vie	Amélioration totale, petite amélioration, pas d'amélioration

II-5/ Description du tableau d'opérationnalisation des variables

Pour cette étude, nous avons formulé une hypothèse principale et trois hypothèses spécifiques. A cet effet, notre hypothèse principale est formulée comme suit: La population de la ville de N'Djamena fait face à la crise en mettant sur pied des stratégies. De cette hypothèse principale découle trois hypothèses spécifiques.

- HS1: La crise sanitaire de la Covid-19 a impacté le mode de vie de la population de N'Djamena. Elle est composée de deux variables à savoir: une variable indépendante et une variable dépendante:

❖ VI: Crise sanitaire de la Covid-19.

Cette variable a, à son tour trois indicateurs. Le premier indicateur, personnes malades ou infectées par la Covid-19, a pour modalité le taux de (personnes) malades dans la famille. Le second indicateur, le décès a comme modalité le taux de décès dans la famille.

❖ VD: Impact sur le mode de vie de la population.

Elle aussi a des indicateurs. Lesquels indicateurs ont des modalités. Le premier indicateur de cette variable, le changement de mode de vie a pour modalité le nombre de fois où les gens mangent par jour. Le second, l'augmentation du prix ou coût des produits a comme modalité: plus cher, cher, moins cher. Le troisième, la perte du travail, a ainsi pour modalité: le taux de personnes ayant perdus leur travail.

- HS2: La population adhère aux mesures prises par l'État pour limiter la propagation de la pandémie de la Covid-19. Deuxième hypothèse spécifique de ce travail, elle a pour variables:

❖ VI: Mesures prises par l'État pour limiter la propagation de la pandémie de la Covid-19. De cette variable indépendante, ressort trois indicateurs dont:

Le premier, le couvre-feu, a pour modalités le nombre de fois où ils le respectent. Le second, la quarantaine, a comme modalité le nombre de fois où les gens sont mis en quarantaine. Enfin, le troisième, le confinement a pour modalité le nombre de fois où les individus sont confinés (une fois, deux fois, trois fois).

❖ VD: Niveau d'adhérence de la population de N'Djamena aux mesures prises par l'État.

Cette seconde variable dit dépendante a elle aussi des indicateurs et ces indicateurs ont à leur tour des modalités.

Le port de masque, a pour modalités les éléments suivants: quotidiennement, hebdomadairement, occasionnellement.

La distanciation physique a comme modalités: Très souvent, parfois, jamais.

Le lavage des mains a des modalités qui suivent: Toujours, parfois, jamais

- HS3: Les stratégies de survie mises en œuvre par la population de N'Djamena sont efficaces. Dernière hypothèse spécifique, elle est aussi décomposée en deux variables.

❖ VI: Stratégies de survie de la population de N'Djamena.

Laquelle variable a pour indicateurs:

Les petits commerces ont comme modalités: la vente des masques, des légumes, autres denrées alimentaires.

En ce qui concerne le préceptorat, les modalités sont: tous les jours, souvent, occasionnellement.

La reconversion à d'autres métiers a plusieurs modalités: Chauffeur, clandoman, commerçant, jardinier, etc.

❖ VD: Efficacité des stratégies de survie contre la Covid-19.

Cette dernière variable montre l'efficacité des stratégies de survie mise sur pied par la population de N'Djamena pour palier à la situation déplorable causée par la crise sanitaire de la Covid-19. Elle a des indicateurs. Lesquels indicateurs ont chacun des modalités

Le premier indicateur, la satisfaction des besoins, a pour modalités: se nourrir, payer le loyer, payer les factures, etc.

L'amélioration des conditions de vie, le second indicateur enfin, a pour modalité: amélioration totale, petite amélioration et pas d'amélioration.

II-6/Description du questionnaire

«*L'enquête par questionnaire consiste à poser à un ensemble de répondants, le plus souvent représentatif d'une population, une série de questions relatives à leur situation sociale, professionnelle ou familiale, (...) un problème, ou encore tout autre point qui intéresse les chercheurs*» (Campenhoudt et Quivy, 2011). Le choix du questionnaire dans notre étude comme outil de collectes de données quantitatives se justifie par le souci de vérifier nos hypothèses de recherches émises au départ.

Notre questionnaire est subdivisé en quatre sections. La première section met en exergue les variables socio-démographiques. Les autres sections (2, 3 et 4) quant à eux concernent respectivement nos objectifs spécifiques à savoir: l'impact de la Covid-19 sur le mode de vie de la population de N'Djamena; niveau d'adhérence de la population de N'Djamena face aux mesures prises par l'État tchadien pour contenir la propagation de la pandémie de la Covid-19 et enfin, les stratégies de survie de la population de la ville de N'Djamena contre la crise sanitaire de la Covid-19.

6-1/Type de questions

Le questionnaire que nous avons élaboré, est constitué d'un ensemble de questions ouvertes et fermées et est soumis à la population de N'Djamena afin de recueillir des informations sur les stratégies de survie de la population la ville de N'Djamena contre la crise sanitaire de la Covid-19.

Ainsi, nous avons administré notre questionnaire à la population de N'Djamena, celle qui est susceptible de nous fournir les informations dont nous avons besoin pour la rédaction de notre mémoire.

6-2/Echelle de mesure

Pour mesurer nos questionnaires, nous avons fait recours à deux échelles de mesure à savoir l'échelle nominale pour les variables qualitatives et l'échelle intervalle pour les variables quantitatives.

Pour mesurer les variables telles que: le sexe, le quartier ou lieu d'habitation, l'appartenance religieuse, la région d'origine, le statut matrimonial, le type de famille, le niveau d'instruction, la profession, l'existence de la Covid-19, l'impact de la Covid-19, les séquelles, la connaissance de l'état de santé de l'enquêté, les sentiments créés, les produits alimentaires difficiles à consommer pendant la Covid-19, l'impact sur le transport, la solution à l'augmentation du prix de transport, l'impact de la fermeture des écoles sur les enfants, l'impact de la Covid-19 sur la relation, la non adhérence de la population aux mesures prises par l'État, la connaissance des moyens mis en œuvre pour contourner les mesures, la fréquence de port de masque, l'impact de la covid-19 sur le travail, la diminution de revenu, les activités pratiquées avant la Covid-19, les stratégies de survie pendant la Covid-19, l'utilité de l'argent perçu des pratiques des activités, nous avons fait recours à l'échelle nominale.

Quant aux variables telles que: l'âge, le nombre d'enfants, le revenu, le taux de personnes infectées dans la famille, le taux de personnes décédées, le nombre de repas consommé avant la pandémie, le nombre de repas consommé pendant la pandémie, le nombre de fois mis en quarantaine, le taux de revenu diminué, l'on a fait recours à l'échelle intervalle pour pouvoir les mesurer.

6-3/Echantillonnage à multi-étapes

L'échantillonnage est un « *procédé qui permet de définir un échantillon dans un travail d'enquête* » (Gaspard, 2019). Il permet d'avoir des informations d'une fraction, d'un groupe ou d'une population, de manière à en tirer des conclusions au sujet de l'ensemble de la population. Il fournit un échantillon qui représentera la population et reproduira fidèlement les principales caractéristiques de la population étudiée.

Pour cette étude, nous avons fait recours à un échantillonnage à multi-étapes ou à plusieurs étapes. A cet effet, nous avons utilisé dans un premier temps, la méthode par quota pour déterminer le quota des personnes administrées par arrondissement. Ensuite, nous avons utilisé, l'échantillonnage par grappe pour connaître les grappes auxquelles nous avons administré nos questionnaires. Et enfin, l'échantillonnage systématique pour avoir une connaissance de la manière dont nous avons procédé pour choisir les personnes à questionner c'est-à-dire les enquêtés.

6-3.1/ Méthode par quota

Sachant que la ville de N'Djamena a dix arrondissements, nous avons choisi aléatoirement cinq (5) arrondissements sur les dix (10) qu'elle compte. Il s'agit plus précisément du 3ème, 6ème, 7ème, 8ème et 9ème arrondissement.

Après avoir choisi de manière aléatoire les arrondissements administrés, nous avons utilisé la méthode par quota afin de connaître le quota administré. A cet effet, nous avons utilisé la formule ci-dessous afin de déterminer le quota des personnes administrées par arrondissement.

Taux de sondage $= \dfrac{Population\ de\ chaque\ arrondisseme}{population\ totale}$ x taille de l'échantillon (200)

Tableau 1. Quota de questionnaires administrés par arrondissement

Arrondissements	Taille de la population	Nombre (quota) de personnes sélectionnés	Pourcentages sélectionnés
3e arrondissement	40 928	14	7%
6e arrondissement	45 500	16	8%
7e arrondissement	223 231	79	39,5%
8e arrondissement	184 641	65	32.5%
9e arrondissement	74 047	26	13%
Total	568 347	200	100%

Source: RGPH2, INSEED[16].

Ainsi, nous avons administré 14 questionnaires dans le 3e arrondissement, 16 questionnaires dans le 6e arrondissement, 79 questionnaires dans le 7e arrondissement, 65 dans le 8e arrondissement et enfin, 26 dans le 9e arrondissement.

---

[16] https://atrenviro.pro/publication/articles/ville-de-ndjamena-quartiers/

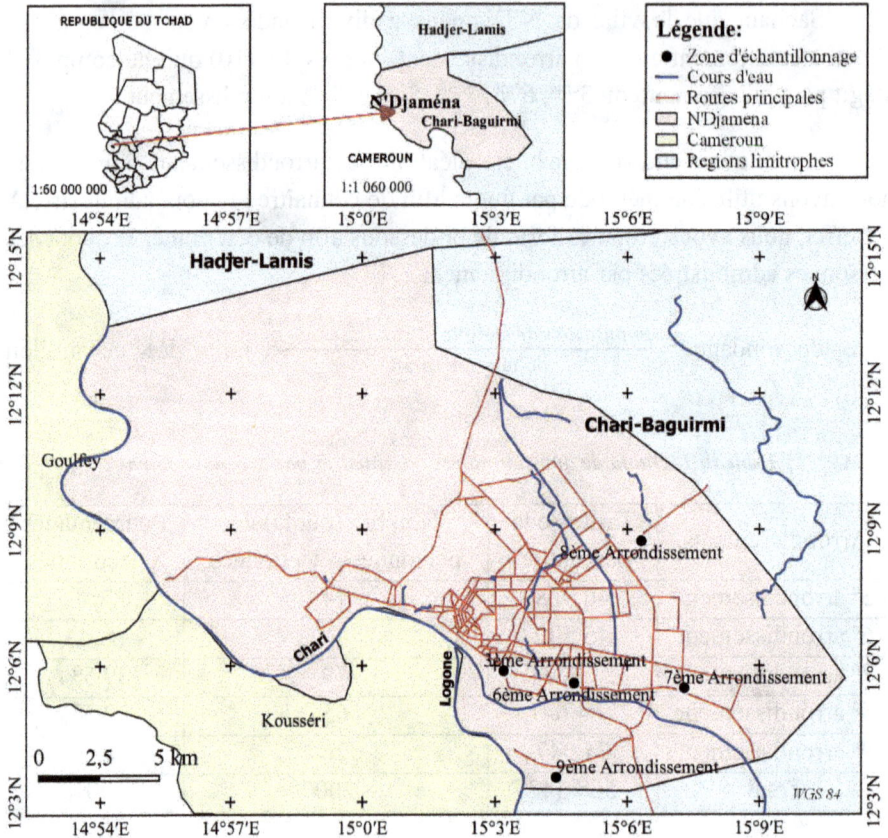

Figure 2. Carte de la zone d'étude (N'Djamena)

Source: Montanan Yan Djimaltan, cartographie du 18 septembre 2021.

6-3.2/ Echantillonnage par grappe

Dans le cadre de ce travail, nous avons eu à recourir à la méthode par quota, qui a consisté à diviser la ville de N'Djamena en grappes (ou quartiers). Après avoir divisé la ville de N'Djamena en grappes (quartiers), nous avons sélectionné au hasard un certain nombre de grappes pour représenter la population totale, ensuite nous avons englobé dans l'échantillon toutes les unités incluses à l'intérieur des grappes sélectionnées.

En effet, il a été important pour nous de diviser ces arrondissements en grappes c'est-à-dire en quartiers. A cet effet, nous avons divisé le 3e arrondissement en six (6) grappes (Gardolé 1, Ambassatna, Ardep Djoumal, Sabangali, Kabalaye et Djambalbarh); le 6e arrondissement, en deux (2) grappes

(Moursal et Paris-Congo); le 7e arrondissement, en onze (11) grappes (Chagoua, Dembé, Ambatta, Boutalbagara, Kourmanadji, Atrone 1, Atrone 2, Amtoukoui, Habena, Gassi, Kilwitti); le 8e arrondissement, en six (6) grappes (Diguel, Ndjari, Angabo, Zaffaye-Est, Zaffaye-Ouest et Machaga) et enfin, le 9e arrondissement en sept (7) grappes (Walia, Ngoumna, Digangali, Nguéli, Kabé, Toukra et Gardolé 2).

Tableau 2. Taille de quartiers

Arrondissements	Taille de quartiers	Nombre de questionnaires administrés
3e arrondissement	6	14
6e arrondissement	2	16
7e arrondissement	11	79
8e arrondissement	6	65
9e arrondissement	7	26
Total	32	200

6-3.3/ Echantillonnage systématique

Appelé encore échantillonnage par intervalle ou à n degré, l'échantillonnage systématique signifie qu'il existe un écart ou un intervalle entre chaque unité sélectionnée inclue dans l'échantillon. Le recours à cet échantillonnage nous a permis de voir l'écart qui existe entre chaque personne administrée.

Dans le cadre de ce travail, nous avons pris un écart de 4 et le premier chiffre choisi au hasard est 2 et a constitué notre point de départ. A cet effet, nous avons eu comme intervalle: 2, 6, 10, 14, 18, 22, 26, 30, 34, 38, 42, etc. Ainsi, nous avons administré le premier enquêteur et après, nous avons pris le sixième, puis le dixième, etc.

II-7/Procédure d'administration du questionnaire

L'administration du questionnaire s'est déroulée en plusieurs étapes. Dans un premier temps, nous avons commencé par la salutation, s'en suit la présentation (notre nom, prénom, niveau et le nom de l'institution qui nous a envoyé c'est-à-dire l'Université de Maroua). Puis, nous leur avons expliqué le motif de notre présence qui est celui de la rédaction de notre mémoire de recherche de master en sociologie, option: population et développement. Lequel mémoire porte sur les stratégies de survie de la population de la ville de N'Djamena contre la crise sanitaire de la Covid-19. Raison pour laquelle, nous avons sollicité un peu de leur temps pour nous entretenir avec eux sur le sujet ci-haut mentionné. A cet effet, nous leur avons présenté notre autorisation de recherche, garanti la confidentialité et rassuré de l'anonymat de cette enquête tout en disant que leur réponse à cette enquête ne sera utilisée qu'à des fins purement scientifiques (production du mémoire de recherche).

Après avoir eu leur consentement, les questionnaires ont été administrés en fonction de la taille de l'échantillon (200) et des arrondissements (3e, 6e, 7e, 8e, et 9e arrondissements) aléatoirement choisies. La taille a été retenu en fonction de la modestie de nos moyens et du temps limité. De ce fait, nous avons administré 14 questionnaires dans le 3e arrondissement, 16 dans le 6e arrondissement, 79 dans le 7e arrondissement, 65 dans le 8e arrondissement et enfin 26 questionnaires dans le 9e arrondissement. Ce qui fait un total de 200 personnes échantillonnées.

L'administration du questionnaire s'est faite par autopassation pour les enquêtés ayant un niveau d'instruction leur permettant de remplir eux-mêmes le questionnaire. Cependant, pour ceux qui ne sont pas instruits, nous avons procédé par le mode de passation par enquêteur c'est-à-dire nous leur avons posé la question en langue (ngambaye ou arabe locale) pour avoir leur réponse et remplir nous-mêmes le questionnaire.

A la fin de l'enquête, nous avons remercié nos enquêtés pour leur disponibilité, leur confiance et le temps qu'ils nous ont accordés et surtout pour les informations qu'ils nous ont fournies.

II-8/Description du guide d'entretien

« *L'entretien est l'une des méthodes qualitatives les plus utilisées dans les recherches. Un entretien de recherche n'a rien de commun avec une discussion dans laquelle on se laisse porter par l'inspiration du moment* » (Romelaer, 2005). Il est un « *échange au cours duquel l'interlocuteur du chercheur exprime ses perceptions d'un événement ou d'une situation, ses interprétations ou ses expériences.* » (Campenhoudt et Quivy, 2011). Ainsi, le guide d'entretien est un document qui regroupe en son sein un ensemble de questions à poser ou des thèmes à aborder lors d'une entrevue.

Notre guide d'entretien est divisé en cinq modules. Le premier module porte sur l'identification de l'informateur; le second, sur les effets de la crise sanitaire de la covid-19 sur le mode de vie de la population de N'Djamena; le troisième, quant à lui, met en exergue le niveau d'adhérence de la population de N'Djamena face aux mesures prises par l'État tchadien pour contenir la propagation de la pandémie et enfin, le dernier module fait mention des stratégies de survie et de son efficacité dans la vie de la population de N'Djamena.

8-1/Type d'entretien

Dans le cadre de ce travail, nous avons fait recours à l'entretien semi-directif. Semi-directif parce que nous sommes allés vers nos interviewés avec un guide d'entretien renfermant des questions ouvertes et l'ordre des questions n'a pas été respectée comme élaboré. Nous leur avons aussi laissé la latitude de s'exprimer tout en recentrant l'entretien sur les objectifs chaque fois qu'ils s'en écartaient.

8-2/Echantillonnage par boule de neige

N'Djamena, notre zone d'étude est une ville vaste et hétérogène. Il est difficile de savoir qui est vraiment impacté et qui a mis sur pied des stratégies de survie avec l'arrivée de la pandémie et la crise qui s'en est suivie. De ce fait, afin d'avoir des informations pertinentes et spécifiques sur notre sujet d'étude c'est-à-dire pour récolter plus d'informations sur les impacts de cette pandémie sur le mode de vie de la population de N'Djamena ainsi que les stratégies de survie mises en place par celle-ci, nous avons recouru à l'échantillonnage par « boule de neige ». L'échantillonnage par boule de neige est une technique d'échantillonnage non probabiliste dans laquelle le chercheur commence par une petite population d'individus connus et élargit l'échantillon en demandant aux premiers enquêtés d'identifier d'autres qui participent eux aussi à l'étude.

Le recours à l'échantillonnage par boule de neige nous a permis d'identifier une personne qui a perdu son travail et a mis sur pied des stratégies (l'ouverture d'une petite buvette, d'une salle d'informatique et le jardinage) pour pouvoir survivre. Après l'avoir interrogé, il nous a montré et mis en contact avec une autre personne qui a été elle aussi impactée par la crise. A son tour, elle nous a orienté vers un autre interviewé qui se trouve lui aussi dans la même situation. Ainsi, au fur et à mesure, l'échantillon a grandi et a augmenté comme la neige jusqu'à ce que nous ayons atteint le taux de saturation qui est de vingt (20).

8-3/Procédure d'administration du guide d'entretien

L'administration du guide d'entretien s'est faite en plusieurs étapes. En effet, nous avons commencé par la salutation et la présentation (la nôtre et celle de l'institution qui nous a envoyé), nous leur avons dit notre niveau (master 2) et spécialité (Population et développement). Ensuite, nous leur avons dit qu'ils ont été choisis comme personnes ressources pour un entretien relatif à notre travail de recherche portant sur les stratégies de survie de la population de la ville de N'Djamena contre crise sanitaire de la Covid-19. Notre objectif était d'identifier les différentes stratégies de survie de la population de N'Djamena dans ce contexte marqué par la crise sanitaire de la Covid-19. Ainsi, nous leur avons demandé de nous accorder quelques minutes de leur temps ainsi que la permission d'enregistrer la conversation en leur garantissant la confidentialité et l'anonymat tout en précisant que les informations qu'ils nous ont fournis ne seront utilisées que dans un cadre académique. Enfin, nous leur avons remercié pour le temps accordé et pour les informations qu'ils nous ont fournies.

L'entretien s'est déroulé avec les personnes dont les profils correspondent à notre sujet d'étude à savoir: le directeur de l'hôpital provincial de Farcha (hôpital destiné à la prise en charge des malades de la Covid-19), un médecin de cet hôpital, deux (2) patients (c'est-à-dire deux personnes atteintes ou infectées par le virus de la Covid-19), un agent express union mais pharmacien de profession, un marqueteur de formation, cinq (5) commerçantes, un ingénieur, un gérant de bar, une sage-femme, deux caissières d'Afrijeux, deux (2) étudiants, un économiste et un clandoman[17].

Il s'est déroulé, à l'hôpital (avec le directeur et le médecin), au bureau (avec l'agent express union et le marqueteur), au marché (avec les commerçants et l'économiste), à l'atelier de menuiserie (avec l'ingénieur), dans un bar (avec le gérant), à la maison (avec la sage-femme, les caissières d'Afrijeux, patients et les étudiants) et au bord de la route (avec le clandoman). La durée de l'entretien varie d'un interviewé à un autre. Ainsi, il allait de cinq (5) à dix-huit (18) minutes.

Le téléphone nous a servi tout d'abord à prendre le rendez-vous avec les interviewés, puis à l'enregistrement de l'entretien avec leur consentement. Il nous a permis de passer l'entretien avec le directeur de l'hôpital à cause de son indisponibilité dû à ses multiples occupations et cela toujours avec son consentement. Le téléphone a aussi servi à la prise des photos servant d'illustration. Enfin, il nous a permis de lire les documents sous la forme électronique. Tous ces entretiens ont été transcrit fidèlement afin d'augmenter la fiabilité de nos résultats.

---

[17] Clandoman: dérive du mot clando et désigne celui qui fait ou pratique la mototaxi.

II-9/Observation directe

L'observation est la « *constatation d'un fait à l'aide de moyens d'investigation appropriés. Fréquemment utilisée pour une étude qualitative, l'observation est une technique qui permet de recueillir des données verbales et surtout non verbales* » (Ferréol, 2015). Elle consiste à se focaliser sur le comportement d'une personne, plutôt que sur ses déclarations. Elle permet d'expliquer un phénomène à travers la description de comportements, de situation et de faits. De ce fait, la « *description doit être fidèle à la situation réelle et il est important de faire des rapports systématiques* (Gaspard, 2019).

En effet, dans le cadre de notre travail, nous avons utilisé l'observation directe afin de mieux appréhender les impacts de la crise et les stratégies de survie de la population de la ville de N'Djamena. Elle a également permis de voir les activités que cette population a mises en place pour survivre durant cette crise sanitaire ainsi que la manière dont elle organise ses différentes activités pour se mettre à l'abri de la crise.

De plus, l'observation a permis de voir le comportement de la population face aux mesures barrières et de décrire les stratégies qu'elle a eu à mettre en œuvre pour les contourner. Elle a servi aussi à voir leur capacité à faire face à cette situation de crise et identifier grâce au questionnaire et à l'entretien, les stratégies qu'elle a eu à mettre en place pour surmonter les effets de la crise à savoir: les petits commerces, le jardinage, la ventes à domicile, le clando, la vente de masques, la gestion de bar, la pratique du métier de pharmacie de rue, la pratique du métier de menuiserie, la réduction du niveau de vie, etc. Tous ces éléments nous ont permis de voir et de découvrir les réponses que la population de N'Djamena donne à la crise dans les différents endroits où ils se trouvent ainsi que leur capacité de créativité et d'innovation en ce temps dur.

II-10/ Difficultés rencontrées

Toute recherche menée, quelle que soit la façon utilisée pour procéder, fait face à des difficultés. A cet effet, comme toutes recherches, notre recherche n'a pas fait exception à la règle.

La première difficulté rencontrée réside dans le fait qu'il n'y a pas jusque-là d'ouvrages ou des documents scientifiques sur la Covid-19 en ce qui concerne le Tchad. Les quelques documents qui existent, ne sont que des études menées et des rapports écrits par les organisations non gouvernementales et les écrits de la presse écrite faits par les journalistes.

Notre seconde difficulté réside dans le fait que pour certains enquêtés, le sujet leur rappelle de mauvais souvenirs qu'ils ont eu à traverser durant cette pandémie. Et pour cela, ils ont de la réticence à nous fournir certaines informations. Il a fallu du temps pour les convaincre à nous fournir ces informations.

La troisième difficulté vient de l'indisponibilité de nos informateurs qui, sont occupés à vaquer à leur occupation quotidienne. Avec certains, nous avons pris rendez-vous mais nous n'avons pas pu nous rencontrer.

La quatrième difficulté est d'ordre linguistique. Certains enquêtés et interviewés ne maitrisent pas le français et nous également ne maitrisons leur langue maternelle. Il était difficile de traduire chaque question en langue pour leur compréhension. Et enfin, le refus de répondre à certaines questions par peur. A cela, il fallut qu'on insiste sur le caractère confidentiel et anonyme du questionnaire et de l'entretien. D'autres par contre étaient très contents et ont eux-mêmes solliciter l'entretien et nous ont fourni autant d'informations que nous n'en avions besoin.

En somme, ce chapitre nous a permis de connaitre la méthodologie utilisée pour collecter des données et de recueillir des informations sur le sujet de notre mémoire. Il nous a permis plus précisément de mieux appréhender la démarche de recherche, la méthode, les techniques et les outils de collectes de données que nous avons eu à convoquer pour mener à terme ce travail. Enfin, il nous a permis de comprendre que la collecte de données n'est pas une chose aisée et simple. Elle ne se fait pas sans difficultés. Cependant, la patience, la volonté et le courage nous ont aidé à aller jusqu'au bout de ce travail.

CHAPITRE III

IMPACTS DE LA COVID-19 SUR LE MODE DE VIE DE LA POPULATION DE N'DJAMENA

Dans ce chapitre, il est important pour nous de souligner que les effets de la crise sanitaire de la Covid-19 se confondent avec ceux des mesures barrières prises par l'État tchadien pour contenir la propagation de la pandémie. En effet, lorsque la pandémie a fait son apparition au Tchad, l'État a pris des mesures afin de contenir sa propagation. Certes, ces mesures ont permis à l'État tchadien d'atteindre l'objectif fixé mais elles ne sont pas restées sans effets sur le mode de vie de la population de N'Djamena. A cet effet, l'on ne parle pas seulement des effets de la Covid-19 mais des effets de la Covid-19 et des mesures barrières sur le mode de vie de la population de N'Djamena.

Ainsi, analysant les impacts de la Covid-19 sur le mode de vie de la population de N'Djamena, ce chapitre met en exergue deux grandes parties. La première partie portera sur l'analyse statistique des données quantitatives collectées sur le terrain à l'aide du questionnaire et la seconde, sur l'analyse des données qualitatives collectées à l'aide du guide d'entretien. Cette manière de présenter les données respecte la logique de l'approche pragmatique qui consiste dans un premier temps, à collecter, à analyser et à interpréter les données quantitatives et dans un second temps, à collecter, à analyser et à interpréter les données qualitatives.

III-1/ANALYSE STATISTIQUE DES IMPACTS DE LA COVID-19

Pour pouvoir analyser statistiquement nos tableaux, nous avons fait recours au test Khi-deux de Pearson. Cette stratégie a consisté à faire une analyse à quatre niveaux. Au premier niveau, nous avons fait une analyse générale; au second, une analyse aux différents niveaux de signifiance (analyse spécifique); au troisième, une analyse du niveau de signifiance (en déterminant le Khi-deux, le degré de liberté et la signification asymptotique) et enfin, une hypothèse quantitative.

1-1/Impact sur la santé

Comme toute maladie, la Covid-19 a eu des impacts sur la santé de la population de N'Djamena. Ces impacts se traduisent par le taux d'infection, le taux de décès et de nouveaux types de sentiments.

1-1.1/Taux d'enquêtés infectés

La pandémie de la Covid-19 existe au Tchad et en particulier dans la ville de N'Djamena. Elle n'a pas été une invention afin de bénéficier de fonds octroyés par l'OMS comme le disent certaines personnes. Des cas d'infections ont ainsi été enregistrés au sein de la population.

Graphique 4. Taux d'enquêtés infectés

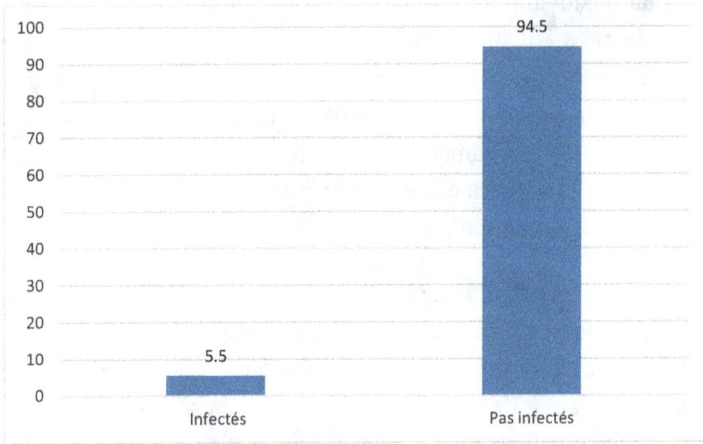

Source: *Enquête de terrain, juin 2021.*

Ce graphique nous montre que 5,5% des personnes que nous avons eu à enquêter affirme avoir été testé positif à la Covid-19 et 94,5% d'entre elles affirme ne pas avoir été infecté. Ainsi, nous pouvons affirmer qu'à N'Djamena, le taux de la population infectée (5,5%) est inférieur à celui de la population non infectée (94,5%) par le virus de la Covid-19.

1-1.2/Taux d'infections dans la famille

La maladie de la Covid-19 a non seulement touché les enquêtés mais également certains membres de leur famille avec lesquels ils sont entrés en contact.

Graphique 5. Nombre de personnes infectées et guéries dans la famille

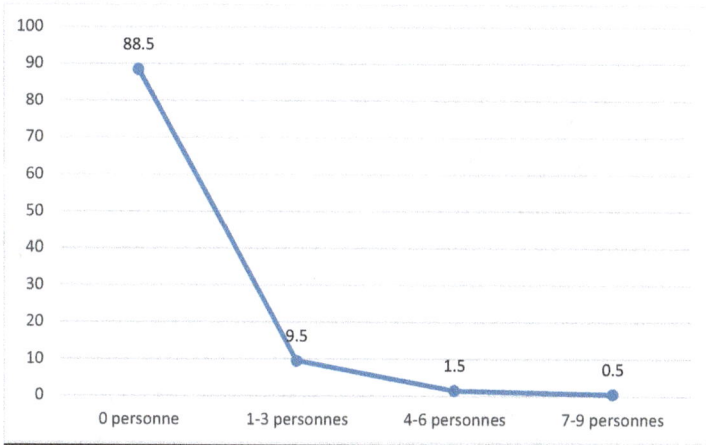

Source: Enquête de terrain, Juin 2021.

De manière significative à N'Djamena, il ressort de ce graphique que 88,5% de la population n'a pas été infecté par le virus de la Covid-19. Or, 9,5% de la population affirme avoir eu 1 à 3 cas d'infection dans la famille. Par conséquent, 1,5% de la population affirme avoir eu 4 à 6 cas d'infection dans la famille. Enfin, 0,5% affirme avoir eu 7 à 9 cas d'infections dans la famille.

En somme, la pandémie de la Covid-19 existe à N'Djamena et a causé de cas d'infection dans les familles. Cependant, le taux de personnes infectées (12%) est inférieur au taux de ceux qui n'ont pas été infectés (88,5%).

1-1.3/Taux de décès dans la famille

La pandémie de la Covid-19 n'est pas restée sans conséquences sur la vie de la population de N'Djamena. Elle a causé des pertes humaines et des désolations dans certaines familles où des cas ont été confirmés. Tout ceci prouve que la pandémie de la Covid-19 a impacté la santé de la population de la ville de N'Djamena.

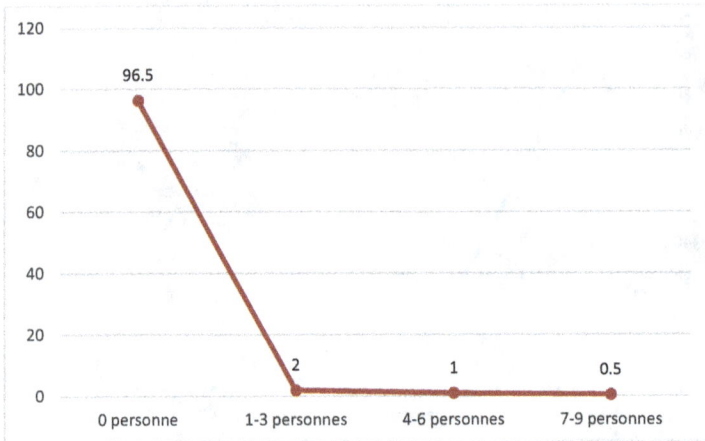

Graphique 6. Taux de décès dans la famille

Source: Enquête de terrain, Juin 2021.

Ce graphique nous montre qu'à N'Djamena, 96,5% de la population affirme qu'il n'y a eu aucun décès dans sa famille; 2% dit avoir perdu une à trois personnes dans sa famille; 1% a compté quatre à six décès dans sa famille et 0,5% affirme avoir perdu sept à neuf personnes dans sa famille suite à la Covid-19.

1-1.4/Sentiments créés

La Covid-19 a causé différents types de sentiments. Ces sentiments se traduisent par le stress, la dépression, le problème de concentration, la psychose, le suicide, la tristesse, le trouble de sommeil et d'humeur et bien d'autres.

Graphique 7. Sentiments créés par la Covid-19

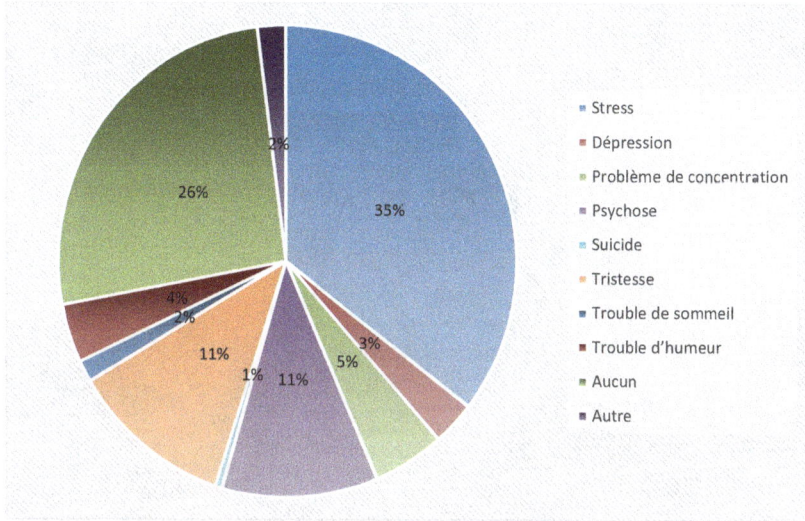

Stress
Dépression
Problème de concentration
Psychose
Suicide
Tristesse
Trouble de sommeil
Trouble d'humeur
Aucun
Autre

Source: Enquête de terrain, Juin 2021.

Ce graphique nous montre de manière significative que l'arrivée de la Covid-19 a créé à N'Djamena chez 35% de la population, le stress; chez 3%, la dépression; 5%, le problème de concentration; 11%, la psychose; chez 1%, le suicide; 11%, la tristesse; 2%, le trouble de sommeil; 4%, le trouble d'humeur; 26% quant à lui affirme que la Covid-19 n'a créé aucun sentiment chez lui et enfin, 2%, affirme qu'elle a créé chez lui d'autres sentiments.

1-2/Impact sur l'alimentation ou la nutrition

La pandémie a aussi impacté la nutrition de la population de N'Djamena en changeant son mode d'alimentation. Ce changement se traduit d'un côté, par une diminution du nombre de fois de consommation de repas par jour et de l'autre côté, par une augmentation du nombre de fois de consommation de repas par jour.

Graphique 8. Nombre de repas consommé avant la Covid-19

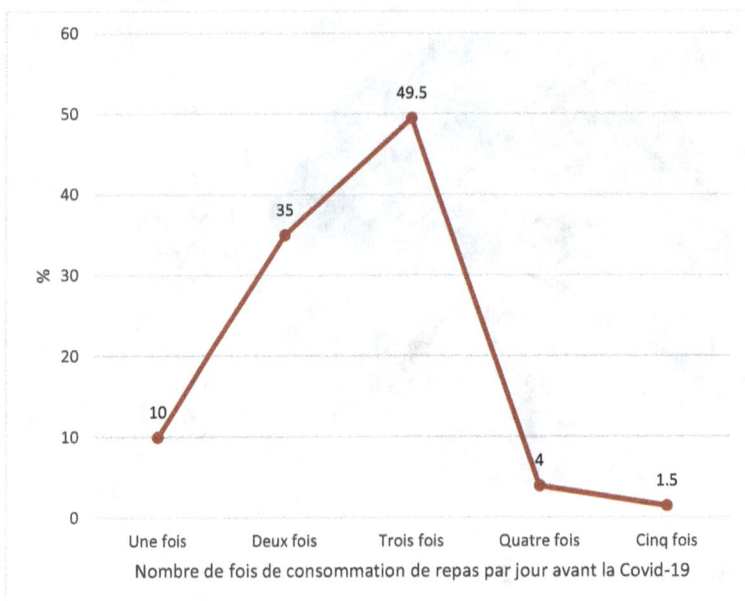

Source: Enquête de terrain, Juin 2021.

Ce graphique nous montre qu'à N'Djamena avant la Covid-19, 10% de la population mangeait une fois par jour; 35% d'entre elle, mangeait deux fois par jour; 49,5%, mangeait trois fois par jour; 4% mangeait quatre fois par jour et enfin, 1,5% mangeait cinq fois par jour.

Il ressort ainsi de ce tableau qu'avant la Covid-19, la proportion de ceux qui mangeaient trois fois (49,5%) par jour dépasse celle de ceux qui mangeaient deux fois (35%) par jour, une fois (10%) par jour, de ceux qui mangeaient quatre fois (4%) par jour et enfin, celle de ceux qui mangeaient cinq fois (1,5%) par jour. Ainsi, avant la Covid-19, la population de N'Djamena mangeait trois fois par jour.

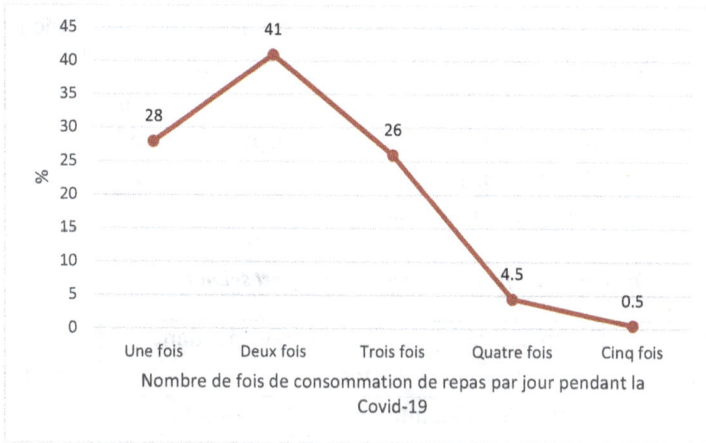

Graphique 9. Nombre de repas consommé par jour pendant la Covid-19

Source: Enquête de terrain, Juin 2021.

Ce graphique nous montre qu'à N'Djamena pendant la Covid-19, 28% de la population mange une fois par jour; 41% mange deux fois; 26% mange trois fois; 4% mange quatre fois et enfin 1% mange cinq fois. En effet, pendant la Covid-19, la proportion de ceux qui mangent deux fois (41%) par jour dépasse celle de ceux qui mangent une fois (28%) par jour, trois fois (26%) par jour, quatre fois (4,5%) par jour et enfin, de ceux qui mangent cinq fois (0,5%) par jour. A cet effet, pendant la Covid-19, la population mange beaucoup plus deux fois par jour.

Ainsi, en comparant les graphiques 8 et 9, il ressort que la pandémie de la Covid-19 a impacté le nombre de fois de consommation de repas par jour de la population de la ville de N'Djamena. D'un côté, elle a augmenté la proportion de ceux qui mangent une fois par jour avant la Covid-19 qui était de 10% à 28% pendant cette crise. De même, elle a augmenté la proportion de ceux qui consomment deux fois, qui était de 35% avant la Covid-19 à 41% pendant cette crise et enfin, elle a augmenté la proportion de ceux qui mangeaient quatre fois qui étaient de 4% à 4,5% pendant la crise. De l'autre côté, elle a diminué le pourcentage de ceux qui mangent trois fois par jour qui était de 49,5% avant la Covid-19 à 26% ainsi que celui de ceux qui mangeaient cinq fois par jour, qui était de 1,5% avant la pandémie à 0,5% pendant cette crise. De ce fait, la Covid-19 a entraîné des changements sur le mode ou l'habitude alimentaire de la population de N'Djamena.

1-3/Impact sur le transport

L'arrivée de la pandémie à N'Djamena a entrainé de changements dans le domaine du transport. Ces changements se traduisent par une diminution du nombre de passagers dans les bus commerciaux et par une augmentation du prix de transport. Cette augmentation du prix de transport fait que la population a des difficultés à se déplacer d'un point à un autre. Ainsi, impact de la crise sur le transport est déterminé par la profession.

Tableau 3. Difficulté à payer le transport selon la profession

Profession	Difficulté à payer le transport pendant la Covid-19		Total
	Pas de difficulté	Difficulté	
Agriculteur	0	1	1
	0.0%	+0.7%	0.5%
Artisan	2	2	4
	+3.6%	1.4%	2.0%
Chauffeur	0	2	2
	0.0%	+1.4%	1.0%
Chef d'entreprise	2	2	4
	+3.6%	1.4%	2.0%
Commerçant	9	9	18
	+16.1%	6.2%	9.0%
Ingénieur	4	6	10
	+7.1%	4.2%	5.0%
Enseignant	6	27	33
	10.7%	+18.8%	16.5%
Employé	1	6	7
	1.8%	+4.2%	3.5%
Médecin	5	7	12
	+8.9%	4.9%	6.0%
Menagère	2	1	3
	+3.6%	0.7%	1.5%
Ouvrier	1	7	8
	1.8%	+4.9%	4.0%
Retraité	2	1	3
	+3.6%	0.7%	1.5%
Sans-emploi	5	37	42

		8.9%	+25.7%	21.0%
Autre profession		17	36	53
		+30.4%	25.0%	26.5%
Total		56	144	200
		100.0%	100.0%	100.0%

Source: Enquête de terrain, Juin 2021

De manière significative à N'Djamena pendant la Covid-19, 28% de la population arrive à payer son transport et donc n'éprouve pas de difficulté en matière de transport et 72% n'arrive pas à payer son transport comme il le faisait avant la Covid-19.

En effet à N'Djamena, tous les agriculteurs ont de difficulté à payer le transport. A la suite, 50% des artisans n'a pas de difficultés contre 50% qui éprouve de difficultés à payer son transport. De même que les agriculteurs, tous les chauffeurs éprouvent de difficulté à payer leur transport. Par conséquent, 50% des chefs d'entreprises n'a pas de difficulté à payer son transport contre 50% qui a de la peine à le faire.

Du côté des commerçants, 50% arrive à payer son transport contre 50% qui a de la peine à le faire. Quant aux ingénieurs, 40% d'entre eux, affirme ne pas avoir de difficultés contre 60% qui n'arrive pas à payer son transport. Chez les enseignants, 18,2% assure son déplacement sans difficulté contre 81,8%, qui n'arrive pas à payer son transport pendant cette crise. Donc plus de la majorité des enseignants ont de difficultés à assurer leur déplacement.

Par ailleurs, du côté des employés, 14,3% arrive à payer son transport contre 85,7%, qui éprouve de difficulté à payer son transport. Tandis que chez les médecins, 41,7% n'a pas de difficulté en matière de transport contre 58,3% qui éprouve de difficulté à payer son transport. Par ailleurs, chez les ménagères, 66,7% n'a pas de difficultés contre 33,3% qui a de la peine à assurer son déplacement.

Par conséquent, chez les ouvriers, 12,5% affirme qu'il n'a pas de problème en matière de transport alors que 87,5% affirme avoir de problème à payer son transport. Or, du côté des retraités 66,7 % n'a pas de difficultés contre 33,3% qui éprouve de la peine à payer son transport. Néanmoins, chez les sans-emplois, 11,9% n'a pas de difficulté à payer son déplacement contre 88,1% qui éprouve énormément de difficulté à payer son transport. Enfin, du côté de ceux qui ont d'autres emplois, 32,1% n'a pas de difficulté en matière de transport contre 67,9% qui, éprouve de difficultés à payer son déplacement.

Au regard, ce tableau nous montre qu'il y a corrélation statistique (Khi-deux=22,703; ddl=13 et signification asymptotique=0,045) entre la profession et la difficulté à payer le transport en ce temps de crise sanitaire de la Covid-19. Donc, il y a relation entre les deux variables car le khi-deux calculé (23,505) est supérieur à khi-deux théorique lu (22,3620) au seuil α=5% et au ddl=13.

De tout ce qui précède, les artisans, les chefs d'entreprises, les commerçants, les ingénieurs, les médecins, les ménagères, les retraités et ceux qui ont d'autres professions n'ont pas des difficultés en matière de transport. Tandis que les agriculteurs, les chauffeurs, les enseignants, les employés, les ouvriers et les sans-emplois ont des difficultés à payer leur déplacement et donc à se déplacer.

1-4/Impact sur l'éducation des enfants

Avec l'arrivée de la Covid-19, les écoles ont été fermées. Certes, cette fermeture a permis d'éviter la contamination d'un élève par un autre malade mais elle a eu des effets inattendus sur les enfants. Ces effets sont entre autre: la baisse de niveau, le banditisme, la grossesse, la paresse, la désobéissance et bien d'autres.

Graphique 10. Impact de la fermeture des écoles sur les enfants

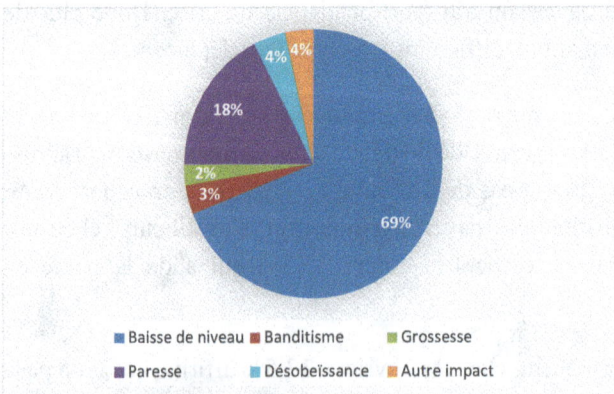

Source: Enquête de terrain, Juin 2021.

Ce graphique nous montre qu'à N'Djamena, la fermeture des écoles due à l'arrivée de la pandémie a causé 69% de taux de baisse de niveau; 3%, de banditisme; 2% de grossesse (chez les filles); 18%, de paresse; 4%, de désobéissance et enfin, chez 4%, elle a causé d'autres impacts.

1-5/Impact sur le travail

La Covid-19 a aussi eu des effets sur le travail de la population de N'Djamena. En effet, la fermeture des entreprises et l'arrêt des activités ont entrainé des changements dans la ville de N'Djamena. Ces changements résultant des mesures barrières se traduisent par la perte de travail, la réduction de salaire, les mauvaises conditions de travail, la complexité des relations au lieu de travail, la baisse de production et bien d'autres impacts. Ainsi, l'impact de la Covid-19 sur le travail est déterminé par sa profession.

Graphique 11. Impact de la Covid-19 sur le travail

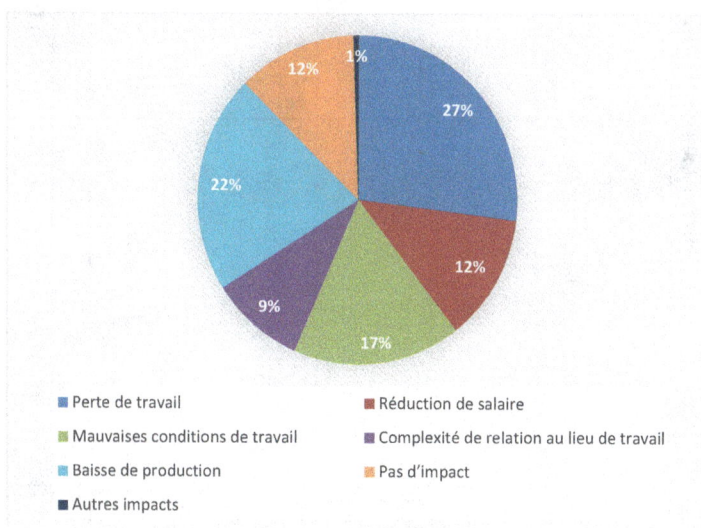

Source: Enquête de terrain, Juin 2021.

Ce graphique nous montre qu'à N'Djamena avec l'arrivée de la Covid-19, 27% de la population a perdu son travail; 12% affirme que son salaire a été réduit; 17% nous fait savoir qu'elle a rendu mauvaises ses conditions de travail; 9% affirme que la Covid-19 a rendu complexe sa relation au lieu de travail; 22% dit qu'elle a baissé sa production; 12% nous fait comprendre que la Covid-19 n'a pas impacté son travail et 1% affirme qu'elle a eu d'autres impacts sur son travail.

Tableau 4. Impact de la Covid-19 sur le travail selon la profession

Profession	Impact de la Covid-19 sur le travail							Total
	Perte de travail	Réduction de salaire	Mauvaises conditions de travail	Complexité de relation au lieu de travail	Baisse de production	Pas d'impact	Autres impacts	
Agriculteur	1	0	0	0	0	0	0	1
	+1.9%	0.0%	0.0%	0.0%	0.0%	0.0%	0.0%	0.5%
Artisan	1	1	0	0	1	1	0	4
	1.9%	+4.0%	0.0%	0.0%	+2.3%	+4.2%	0.0%	2.0%
Chauffeur	1	0	0	0	1	0	0	2
	+1.9%	0.0%	0.0%	0.0%	+2.3%	0.0%	0.0%	1.0%
Chef d'entreprise	0	2	0	1	1	0	0	4
	0.0%	+8.0%	0.0%	+5.3%	+2.3%	0.0%	0.0%	2.0%
Commerçant	3	4	2	0	9	0	0	18
	5.6%	+16.0%	5.9%	0.0%	+20.9%	0.0%	0.0%	9.0%
Ingénieur	4	4	2	0	0	0	0	10
	+7.4%	+16.0%	+5.9%	0.0%	0.0%	0.0%	0.0%	5.0%
Enseignant	7	1	11	6	7	1	0	33
	13.0%	4.0%	+32.4%	+31.6%	16.3%	4.2%	0.0%	16.5%
Employé	5	1	0	0	1	0	0	7

Profession	1	2	3	4	5	6	7	Total
(…)	5 — +9.3%	1 — +4.0%	0 — 0.0%	0 — 0.0%	1 — 2.3%	0 — 0.0%	0 — 0.0%	7 — 3.5%
Médecin	0 — 0.0%	2 — +8.0%	1 — 2.9%	5 — +26.3%	3 — +7.0%	1 — 4.2%	0 — 0.0%	12 — 6.0%
Menagère	0 — 0.0%	0 — 0.0%	0 — 0.0%	1 — +5.3%	0 — 0.0%	2 — +8.3%	0 — 0.0%	3 — 1.5%
Ouvrier	7 — +13.0%	1 — 4.0%	0 — 0.0%	0 — 0.0%	0 — 0.0%	0 — 0.0%	0 — 0.0%	8 — 4.0%
Retraité	1 — +1.9%	0 — 0.0%	1 — +2.9%	0 — 0.0%	1 — +2.3%	0 — 0.0%	0 — 0.0%	3 — 1.5%
Sans-emploi	15 — +27.8%	3 — 12.0%	7 — 20.6%	2 — 10.5%	10 — +23.3%	5 — 20.8%	0 — 0.0%	42 — 21.0%
Autres professions	9 — 16.7%	6 — 24.0%	10 — +29.4%	4 — 21.1%	9 — 20.9%	14 — +58.3%	1 — +100.0%	53 — 26.5%
Total	54 — 100.0%	25 — 100.0%	34 — 100.0%	19 — 100.0%	43 — 100.0%	24 — 100.0%	1 — 100.0%	200 — 100.0%

Source: Enquête de terrain, Juin 2021.

De manière significative à N'Djamena, 27% de la population affirme que la Covid-19 a causé la perte de son travail; pour 12,5%, elle a réduit son salaire; 17% affirme qu'elle a rendu mauvaises ses conditions de travail; 9,5% nous dit que la pandémie a rendu complexe sa relation au lieu de travail; pour 21,5%, la Covid-19 a baissé sa production; 12% affirme qu'elle n'a pas impacté son travail et enfin, 0,5% pense que la Covid-19 a eu d'autres impacts sur son travail.

En effet, les agriculteurs (100%) affirment que la Covid-19 a causé la perte de leur travail. Tandis que chez les artisans, 25% affirme que la Covid-19 a causé la perte de son travail; 25% affirme qu'elle a réduit son salaire; 25% dit que la pandémie a baissé sa production et 25% affirme pour sa part qu'elle n'a impacté son travail. Par ailleurs, du côté des chauffeurs, 50% affirme avoir perdu son travail contre 50% pour qui, la Covid-19 a baissé sa production. Quant aux chefs d'entreprises, 50% dit que la Covid-19 a causé la réduction de son salaire; pour 25%, la pandémie a rendu complexe sa relation au lieu de travail et 25% nous fait savoir qu'elle a baissé sa production.

Par conséquent, 16,7% des commerçants affirme que la Covid-19 a causé la perte de son travail; 22,2% affirme qu'elle a réduit son salaire; 11,1% nous fait savoir qu'elle a rendu mauvaises ses conditions de travail et 50% quant à lui affirme qu'elle a baissé sa production. Alors que chez les ingénieurs, 40% a perdu son travail; 40% affirme que la pandémie a réduit son salaire et pour 20%, elle a rendu mauvaises ses conditions de travail. En ce qui concerne les enseignants, 21,2% affirme avoir perdu son travail; 3,1% nous fait savoir que son salaire a diminué; 33,3% pour sa part stipule que la Covid-19 a rendu mauvaises ses conditions de travail; pour 18,1%, elle a rendu complexe sa relation au lieu de travail; 21,2% nous fait savoir que la maladie a baissé sa production et 3,1% affirme qu'elle n'a pas impacté son travail.

A la suite, 71,4% des employés affirme avoir perdu son travail; 14,3% nous fait savoir que son salaire a diminué et 14,3% stipule que sa production a baissé. Par contre, 16,7% des médecins a vu son salaire réduit; 8,3% affirme que les conditions de son travail sont devenues mauvaises avec la pandémie; 41,7% nous fait savoir qu'elle a rendu complexe sa relation au lieu de travail; 25% dit que la maladie a baissé sa production et 8,3% affirme que son travail n'a pas été impacté.

Or, du côté des ménagères, 33,3% affirme que la pandémie a rendu complexe sa relation au lieu de travail contre 66,7% qui affirme que son travail n'a pas été impacté. Quant aux ouvriers, 87,5% a perdu son travail contre 12,5% qui affirme que son salaire est réduit. Alors que du côté des retraités, 33,3%

affirme que la pandémie a causé la perte de son travail; pour 33,3%, elle a rendu mauvaises ses conditions de travail et 33,4% nous fait savoir que la maladie a baissé sa production. Chez ceux qui sont sans emplois, 35,7% affirme que la Covid-19 a causé la perte de son travail; 7,1% nous fait savoir qu'elle a réduit son salaire; 16,7% affirme qu'elle a rendu mauvaises ses conditions de travail; 4,8% nous fait savoir que la Covid-19 a rendu complexe sa relation au lieu de travail; pour 23,8%, elle a baissé sa production et enfin, pour 11,9%, elle n'a pas eu d'impact sur son travail.

Enfin, 16,9% de ceux qui ont d'autres professions affirme avoir perdu son travail; 11,3% a vu son salaire réduit; 18,9% évoque la mauvaise condition de son travail; 7,6% dit qu'elle a rendu complexe sa relation au lieu de travail; 16,9% affirme qu'elle a baissé sa production; 26,5% stipule qu'elle n'a pas impacté son travail et 1,9% nous fait comprendre qu'elle a eu d'autres impacts sur son travail.

A la lecture de ce tableau, nous pouvons affirmer qu'il y a corrélation statistique (Khi-deux=125,575; ddl=78 et signification asymptotique=0,001) entre la profession et l'impact de la Covid-19 sur le travail. Il existe une relation entre les deux variables car le khi-deux calculé (125,575) est supérieur au khi-deux théorique lu (58,054) au seuil α=5% et au ddl=78.

Ainsi, la Covid-19 a bel et bien eu un impact sur le travail de la population de N'Djamena, en causant la perte de son travail, la réduction de son salaire, en rendant mauvaises ses conditions de travail, complexe sa relation au travail, en baissant sa production pour ne citer que ceux-là.

1-6/Impact de la Covid-19 sur le revenu

La Crise sanitaire de la Covid-19 a non seulement impacté le travail de la population de N'Djamena mais elle a également impacté son revenu en la diminuant. Cette diminution de revenu résulte non seulement de la pandémie mais également des mesures prises par l'État pour contenir la propagation de la pandémie. Ainsi, l'impact de la Covid-19 sur le revenu de la population de la ville de N'Djamena est déterminée par sa profession.

Tableau 5. Profession et diminution de revenu

Profession	Diminution de revenu			Total
	Diminution	Pas de diminution	Je ne sais pas	
Agriculteur	1	0	0	1
	+0.8%	0.0%	0.0%	0.5%
Artisan	3	1	0	4
	+2.3%	+2.1%	0.0%	2.0%
Chauffeur	0	0	2	2
	0.0%	0.0%	+9.5%	1.0%
Chef d'entreprise	4	0	0	4
	+3.0%	0.0%	0.0%	2.0%
Commerçant	16	1	1	18
	+12.1%	2.1%	4.8%	9.0%
Ingénieur	9	1	0	10
	+6.8%	2.1%	0.0%	5.0%
Enseignant	16	14	3	33
	12.1%	+29.8%	14.3%	16.5%
Employé	5	0	2	7
	+3.8%	0.0%	+9.5%	3.5%
Médecin	6	4	2	12
	4.5%	+8.5%	+9.5%	6.0%
Menagère	2	1	0	3
	1.5%	+2.1%	0.0%	1.5%
Ouvrier	8	0	0	8
	+6.1%	0.0%	0.0%	4.0%
Retraité	1	2	0	3
	0.8%	+4.3%	0.0%	1.5%
Sans-emploi	29	7	6	42
	+22.0%	14.9%	+28.6%	21.0%
Autres professions	32	16	5	53
	24.2%	+34.0%	23.8%	26.5%
Total	132	47	21	200
	100.0%	100.0%	100.0%	100.0%

Source: Enquête de terrain, Juin 2021.

De manière significative à N'Djamena, 66% de la population affirme que son revenu a diminué; 23,5% nous fait savoir que son revenu n'a pas diminué et 10,5% ne sait pas s'il a diminué ou non.

En effet, tous les agriculteurs (100%) affirment que leur revenu a diminué. Tandis que du côté des artisans, 75% nous fait savoir que son revenu a diminué contre 25% qui dit que son revenu n'a pas diminué. Contrairement aux agriculteurs et aux artisans, tous les chauffeurs (100%) ne savent pas si leur revenu a diminué ou non. Par ailleurs, tous les chefs d'entreprises (100%) affirment que leur revenu a diminué.

Or, du côté des commerçants, 88,9% affirme que son revenu a diminué; 5,5% nous dit que son revenu n'a pas diminué et 5,5% ne sait pas s'il a diminué ou non. Par conséquent, chez les ingénieurs, 90% nous fait savoir que son revenu a diminué contre 10% qui dit que son revenu n'a pas diminué. En ce qui concerne les enseignants, 48,5% affirme que son revenu a été impacté et donc a diminué; 42,4% dit que son revenu n'a pas été impacté donc n'a pas diminué et 9,1% ne sait pas s'il a diminué ou non.

Néanmoins du côté des employés, 71,4% affirme que son revenu a diminué contre 28,6% qui ne sait pas s'il a diminué ou non. Alors que chez les médecins, 50% affirme que son revenu a diminué; 33,3% dit que son revenu n'a pas diminué et 16,7% ne sait pas s'il a diminué ou non. De plus, chez les ménagères, 66,7% nous dit que son revenu a diminué contre 33,3% qui affirme que son revenu n'a pas diminué.

Par conséquent, tous les ouvriers (100%) affirment que leur revenu a diminué. Quant aux retraités, 33,3% nous fait savoir que son revenu a diminué contre 66,7% qui dit son revenu n'a pas diminué. Par contre, 69,1% des sans-emplois affirme que son revenu a diminué; 16,7% dit que son revenu n'a pas diminué et 14,2% ne sait pas s'il a diminué ou non. Enfin, du côté de ceux qui ont d'autres professions, 60,4% affirme que son revenu a diminué; 30,2% dit que son revenu n'a pas diminué et 9,4% ne sait pas s'il a diminué ou non.

Au regard, ce tableau nous montre qu'il y a corrélation statistique (Khi-deux=49,507; ddl=26 et signification asymptotique=0,004) entre la profession et la diminution de revenu. De ce fait, il y a une relation entre les deux variables car le khi-deux calculé (48,160) est supérieur au khi-deux théorique lu (38,8851) au seuil α=5% et au ddl=26. Ainsi, plus on a une autre profession, plus le revenu diminue.

II-2/ANALYSE DES DONNEES QUALITATIVES

La Covid-19 n'est pas restée sans conséquence sur le mode de vie de la population de la ville de N'Djamena. Si avant la crise, les conditions de vie des populations sont restées stables, aujourd'hui la Covid-19 les met dans une situation où il faut se battre par tous les moyens pour assurer sa survie. Les impacts de la Covid-19 sur la population de N'Djamena se traduisent par la perte de travail ou le chômage, la diminution de revenu, le changement de mode d'alimentation (l'augmentation des prix des denrées alimentaires, l'augmentation et diminution du nombre de fois de consommation de repas par jour, difficulté à payer certains produits alimentaires), difficulté à payer le transport, l'impact sur l'éducation des enfants et des changements dans les rapports sociaux.

2-1/Perte de travail

La Covid-19 n'est pas restée sans répercussion sur un grand nombre de travailleurs. Cette répercussion se traduit d'un côté par la faillite de certaines entreprises, la fermeture et l'arrêt des activités et de l'autre côté, par le chômage des employés et ouvriers.

En effet, lorsque le virus de la Covid-19 a commencé à se propager, tous les pays ont pris et mis en place des mesures barrières et particulièrement ceux qui en sont touchés pour contenir sa propagation. Lesquelles mesures ont entrainé des changements, des mutations dans plusieurs entreprises et sociétés. Ces changements et mutations s'expliquent par la faillite de certaines entreprises (exerçant dans le transport, le commerce, etc.) qui n'ont pas pu faire face et par la réorganisation des autres entreprises (afin d'y faire face). L'arrêt des activités a baissé la production de bon nombre d'entreprise. Ce qui a causé le déficit de leur chiffre d'affaire. De ce fait, afin d'éviter de tomber en faillite, ces entreprises ont procédé à une réduction du nombre de leurs employés aboutissant au licenciement de certains employés et ouvriers. C'est ce qui explique les propos suivants:

> Je suis marqueteur de formation entre la logistique et le transport transit dans une entité de transport et transit. Avec l'arrivée de la Covid-19, tout est bloqué. Donc l'entreprise a déclaré en faillite et on s'est retrouvé en chômage. J'ai perdu mon travail et là, je me retrouve en chômage c'est à cause de Covid-19 (entretien réalisé le 21/06/2021, dans le 7ᵉ arrondissement de N'Djamena).

C'est aussi le cas de cette femme lorsqu'elle dit: « *Je suis caissière à Afrijeux et depuis que la Covid-19 est venue au Tchad au mois de mars non, on ne travaille plus, nous sommes à la maison. C'est après la Covid qu'ils ont appelé les autres mais nous les autres on est toujours à la maison »* (entretien réalisé le 24/06/2021, dans le 7ᵉ arrondissement de N'Djamena).

2-2/Diminution de revenu

La baisse de revenu est aussi l'un des changements imposés par la Covid-19 et les mesures barrières. En effet, certains chefs d'entreprises ont vu leur revenu diminué alors que c'est toujours la même activité qu'ils exercent. Cette diminution de revenu s'explique par la faiblesse de la demande. Cette faiblesse de la demande résulte du fait que les entreprises dépendent les unes des autres. Ainsi, lorsque l'une est fermée, l'autre a de la peine à fonctionner comme il se doit. Ce qui explique les propos suivants:

> La Covid-19 a impacté négativement mon activité. La recette a diminué de 50% du côté de l'impression. Nous on dépend du ministère, c'est lorsque le ministère fonctionne que nous recevons beaucoup de clients. Avant, on gagnait 50 000 à 60 000 par semaine en faisant l'impression et la photocopie. Mais avec la fermeture du ministère, on gagne au trop 30 000 par semaine (entretien réalisé le 21/06/2021, dans le 6ᵉ arrondissement de N'Djamena).

Chez les commerçants, la covid-19 a eu un effet dévastateur sur leur activité. En effet, les mesures restrictives liées à la mobilité ont suspendu la circulation des bus, le voyage à l'extérieur et à l'intérieur du pays et de la même manière, ont suspendu l'activité de certains commerçants. De ce fait, Il est difficile pour ces derniers d'exporter et d'importer les produits ou marchandises afin de revendre sur le marché. Ce qui traduit les propos qui suivent: *« Avant, je paye les choses et j'envoie à ma sœur à Iriba, elle vend et m'envoie de l'argent. Et avec le corona, le transport même est suspendu. Pour payer les choses et les envoyer, c'est difficile. »* (entretien réalisé le 22/06/2021, dans le 9ᵉarrondissement de N'Djamena).

D'autres qui vendaient leurs denrées au marché, sont obligés de les ramener à la maison afin de pouvoir vendre au quartier et avoir de quoi subvenir à leurs besoins. Cependant, les clients se font rares par manque d'argent et les produits ne se payent plus comme avant la crise mais sont pris en dette pour être rembourser plus tard. C'est ce qui explique ces propos:

> Avant, je vends au marché et sur une grande table. Avec le corona, les frontières sont fermées donc le peu qui reste, j'ai ramené à la maison pour vendre devant ma porte. Mais ici au quartier, les gens ne sont plus nombreux à payer, il n'y a plus de marché, ils prennent de bons et remboursent après. Au marché, avant la maladie je trouve 20 000 et

30 000 mais avec le Covid-19 mon revenu a diminué, je gagne 10 000 par jour (entretien réalisé le 22/06/2021, dans le 7ᵉarrondissement).

2-3/Changement de mode d'alimentation

Le problème d'accès à la nourriture est un phénomène qui a toujours existé dans les pays en développement en général et le Tchad en particulier. Aujourd'hui, la Covid-19 et les mesures barrières viennent rendre encore plus complexe le mode d'alimentation de la population de la ville de N'Djamena. Elles ont entrainé des changements qui se traduisent par une augmentation du prix des denrées alimentaires, difficulté à payer certains produits alimentaires, l'augmentation du nombre de repas par jour chez certains et sa diminution chez d'autres.

2-3.1/Augmentation du prix des denrées alimentaires

La fermeture des frontières dans le but de contenir la propagation de la pandémie a eu comme conséquence, l'augmentation du prix des denrées alimentaires. D'abord, il est important de souligner que beaucoup de personnes résidant à N'Djamena perçoivent les produits exportés comme meilleurs d'où sa préférence au détriment des produits locaux. Ce qui fait que les produits du pays sont moins consommés par rapport à ceux qui sont exportés. Cette perception des produits extérieurs se traduit par ces propos: « *C'est ce qui vient de l'extérieur-là qui nous nourrit et nous arrange* » (entretien réalisé le 21/06/2021 dans le 7ᵉ arrondissement de N'Djamena).

En effet, la fermeture des frontières était devenue pour certains commerçants, une occasion de se « remplir les poches » d'où ces propos: « *pendant ce temps, les commerçants malhonnêtes ont profité pour augmenter le prix* ». Cette augmentation est confirmée par les propos ci-après: « *Tout est augmenté au marché. Le riz même ça augmente. L'huile même ça augmente et le sucre même ça augmente* » (entretien réalisé le 22/06/2021, dans le 8ᵉ arrondissement de N'Djamena). Mais ces prix ont non seulement augmenté mais ils ont doublé. Ce qui explique les propos suivants: « *Le haricot même ça monte, les choses du marché là même ça coute très cher. Avant Covid-19, on paye le haricot à 400 et maintenant, un coro[18] à 1250f, l'huile, certaines alimentations augmentent toujours et même l'oignon, le coro avant c'est à 750 et aujourd'hui,*

---

[18] Coro: une tasse qui sert à mesurer les produits alimentaires tels que: le riz, le haricot, la farine, l'oignon, le sel, etc.

c'est à 1250f » (entretien réalisé le 22/06/2021, dans le 7ᵉ arrondissement de N'Djamena).

2-3.2/Difficulté à payer les produits alimentaires

En plus du chômage qui bat son plein, de la diminution de revenu, il s'ajoute à cette liste d'impacts, l'augmentation du prix des denrées alimentaires rendant ainsi difficile l'accès aux produits de première nécessité. Ce qui ne permet pas à la population de N'Djamena de s'en procurer facilement. Ainsi, les fruits, la viande, le poisson frais, les céréales, l'huile, le maïs pour ne citer que ceux-là deviennent difficile à payer avec la situation de crise non seulement sanitaire mais également économique qui prévaut. Tout ceci explique les propos suivants: *« Les produits tels que les bananes, le maïs, le sucre, la viande (...) sont difficile à payer»* (entretien réalisé le 21/06/2021, dans le 7ᵉ arrondissement de N'Djamena).

2-3.3/ Augmentation et diminution du nombre de repas par jour

La crise sanitaire a changé l'habitude alimentaire de la population de N'Djamena et plus précisément le nombre de repas consommé par jour par cette dernière.

En effet, dans ce contexte où d'un côté, il faut tout payer c'est-à-dire le loyer, habiller les enfants, les soigner et surtout les nourrir, et de l'autre côté, il y a la perte de travail, le manque d'argent, il est question de trouver une solution « adaptative » pour se mettre à l'abri de la crise. Cette solution consiste à prendre en compte que les besoins les plus urgents du moment et à la réduction du nombre de repas par jour. C'est le moment de « serrer la ceinture ». Ainsi, certaines personnes qui, avant l'arrivée de la pandémie faisaient tout pour avoir au moins un repas par jour, éprouvent des difficultés à l'avoir en ce temps de la Covid-19. Ceci explique les propos suivants:

> Vu la situation de notre pays, c'est un pays très pauvre d'abord, avec un taux de chômage élevé. On ne vit pas la pauvreté mais la misère. Avant la Covid-19, on fait tout pour avoir notre un tour KO[19] par jour, la grosse boule. Mais avec la Covid, il est difficile de trouver à manger et parfois deux à trois jours. Et là, on se nourrit de cacahuète, arachide (entretien réalisé le 26/06/2021, dans le 6ᵉ arrondissement).

D'autres, qui avaient pour habitude de manger deux à trois fois par jour se voient dans l'obligation de manger une ou deux fois par jour: *« Vraiment, la*

---

[19] Un tour KO: une expression utilisée pour désigner la boule. Ainsi, l'interviewé veut nous faire comprendre qu'avant la Covid-19, il faisait tout pour manger au moins une fois la boule par jour mais il est difficile d'en trouver avec la crise.

situation est difficile. Depuis que cette maladie est arrivée, on est obligé de manger deux fois par jour à cause du problème d'argent au lieu de trois » (entretien réalisé le 24/06/2021, dans le 9ᵉ arrondissement de N'Djamena). D'autres encore consomment toujours le même nombre de repas (trois fois) mais ne tiennent plus compte de la qualité mais plutôt de la quantité du repas: *« Nous, on mange toujours le même nombre de repas mais ce n'est plus consistant comme avant »* (entretien réalisé le 23/06/2021, dans le 7ᵉ arrondissement de N'Djamena).

Enfin, il y a ceux pour qui le nombre de repas par jour a augmenté à quatre au lieu de trois. Cette augmentation résulte du fait qu'avec le confinement, les gens n'ont rien à faire et donc le fait de rester sur place sans rien faire entraine un besoin permanent de « grignoter » et de manger. Ce qui explique les propos ci-après: *« On est là comme ça à la maison à cause du confinement et le fait de rester sur place sans rien faire nous donne la faim. Et là, depuis que nous sommes à la maison, on mange quatre fois au lieu de trois comme on le faisait avant cette maladie »* (entretien réalisé le 24/06/2021, dans le 3ᵉ arrondissement de N'Djamena).

2-4/Difficulté à payer le transport

La difficulté liée au transport est la résultante du dynamisme du dedans. En effet, les mesures barrières (de distanciation physique,1m) prises par l'État pour empêcher la propagation de la pandémie ont entraîné la limitation ou la réduction du nombre de passagers dans les bus commerciaux. A cet effet, il est autorisé aux chauffeurs qu'à prendre deux passagers par chaise au lieu de quatre. Il découle de cette réduction une hausse du prix de transport (250f au lieu de 100f, 150 ou 200f quelle que soit la destination). Laquelle hausse est faite dans l'optique de compenser les deux personnes qui devaient s'associer aux deux autres. Ainsi, contrairement à certains qui n'éprouvent aucune difficulté puisqu'ils ont à leur disposition leur propre moyen de transport, d'autres éprouvent de difficulté à payer le transport par manque d'argent. Pour pallier à cette situation, certains sont obligés de faire le trajet à pied, en parcourant de longue distance. Par contre, d'autres sont obligés de se plier à cette exigence. Ce qui traduit les propos ci-après: *« Je n'arrive pas à payer le transport comme je le fais avant, le transport est devenu cher. De fois, je suis obligée de me déplacer à pied. Et quelques fois aussi, je me soumets à cette somme qu'exigent les chauffeurs »* (entretien réalisé le 22/06/2021, dans le 9ᵉ arrondissement de N'Djamena).

2-5/Impact sur l'éducation des enfants

La fermeture des écoles a freiné l'évolution scolaire des enfants et a changé leur comportement. Ces changements de comportement sont les effets indirects de la pandémie et résultent plus précisément des mesures prises par l'État dans le but de contenir la propagation de la pandémie. Ils se traduisent par la désobéissance, la baisse de niveau, le banditisme, la grossesse, la paresse, etc.

En effet, les enfants sont devenus incontrôlables par les parents qui ne savent que faire de cette situation. Beaucoup de parents ont perdus leur autorité due au simple fait que ces derniers après avoir perdu leur travail, n'arrivent plus à prendre en charge les enfants comme ils le faisaient avant l'arrivée de la crise sanitaire. De ce fait, pour pouvoir subvenir à leur propre besoin, les filles se lancent dans la prostitution s'exposant ainsi non seulement à des maladies sexuellement transmissibles mais aussi aux grossesses. Les garçons quant à eux, sous l'influence des mauvais compagnons adoptent un comportement déviant (le vol, le banditisme, la drogue, etc.). A cela, s'ajoute la paresse dans la mesure où les enfants ne veulent plus lire mais préfèrent se balader dans le quartier et regarder la télévision. Ce qui a pour conséquence l'oubli de tout ce qu'ils ont eu à apprendre et la baisse de niveau. C'est ce qui explique ces propos: « *Comme il n'y a plus d'école, pour prendre le cahier et réviser, ça devient un problème. Les enfants sont devenus paresseux et sont beaucoup plus devant la télé et c'est ce qui a fait que même les résultats n'ont pas été bons* » (entretien réalisé le 23/06/2021, dans le 7ᵉ arrondissement de N'Djamena).

2-6/Changement dans les rapports sociaux

La crise sanitaire a eu des effets sur les relations ou interactions de la population de la ville de N'Djamena. Il ne s'agit plus ici de la crise sanitaire mais plutôt de la « crise sociale ». Autrement dit, cette crise sanitaire a entrainé une crise sociale. Les mesures barrières ont provoqué des dynamiques dans les rapports sociaux de la population de N'Djamena. Aujourd'hui, les relations sociales sont devenues très complexes voire compliquées. Ce dynamisme et cette complexité se traduisent par la distanciation sociale, la perte ou destruction des valeurs culturelles, la mésentente et le conflit, la division et séparation des couples et la stigmatisation.

En effet, la distanciation physique (l'une des mesures barrières) a eu pour conséquence la distanciation sociale. La pandémie a fait naitre des sentiments tels que la peur, le stress, la méfiance, le trouble d'humeur, etc. Ces sentiments ont poussé la population de N'Djamena à être distante l'une de l'autre. A cela s'ajoute, une nouvelle façon de vivre dans laquelle se développe le chacun pour soi. Ce qui explique ces propos: « *Ma sœur, la relation est vraiment compliquée. Parce que la peur s'est installée déjà donc on a appris franchement, une nouvelle façon de vivre. Il faut pas se rapprocher des autres, il faut les éviter. Vraiment c'était trop compliquée*» (entretien réalisé le 22/06/2021, dans le 7e arrondissement de N'Djamena).

En Afrique et précisément au Tchad, se saluer, se serrer les mains, s'embrasser, se faire des accolades, manger ensemble, se rendre visite les uns les autres, se regrouper pour des cérémonies de mariage ou de deuils afin de manifester son soutien moral, physique et financier sont des valeurs et des habitudes qui caractérisent ces sociétés africaines. Cependant, la Covid-19 est venue bouleverser et transformer ces habitudes, ces valeurs en ceux où il faut « rester dans son coin », se débrouiller toute seule et vivre séparément et faisant d'elles des sociétés où règnent désormais l'individualisme, la méfiance. Bref on assiste à une perte ou destruction des valeurs culturelles et sociétales. Ce qui traduit et explique ces propos: « *La relation est un véritable problème. Nous les africains entre temps, il faut se serrer la main et maintenant ça devient pas facile* » (entretien réalisé 29/06/2021 dans le 7e arrondissement). C'est ce qui explique également ces propos: « *On ne peut plus se saluer, serrer la main des voisins et même dans la famille, chacun mange dans son plat. C'est difficile de rendre visite, c'est très compliqué.* » (entretien réalisé le 24/06/2021 dans le 7e arrondissement de N'Djamena).

La crise a aussi causé la séparation de certains couples. Cette séparation résulte du fait qu'avec la crise, beaucoup de travailleurs se sont retrouvés au chômage et d'autres ont vu leur revenu baissé. De ce fait, ils ne peuvent plus prendre en charge la famille comme ils le faisaient avant la crise. Ce qui a déclenché des conflits dans les couples et conduit à des séparations et divorces. Tout ceci explique les propos suivants: « *A cause de la Covid-19, ma fiancée m'a quitté. Et ça, parce que j'ai perdu mon travail et je n'ai plus d'argent* » (entretien réalisé le 21/06/2021, dans le 7e arrondissement).

La mesure de confinement a créé dans les familles où les membres sont habitués à aller travailler chaque jour le matin pour ne rentrer que le soir, la mal compréhension, la mésentente, la colère et le mécontentement. Cela explique les propos qui suivent:

Quand on est tout le temps ensemble, on arrive plus à se comprendre aussi. Quand il y a rien, les activités marchent normalement, le soir vous vous retrouvez, il y a une bonne ambiance. Mais quand vous êtes là à la maison, vous ne sortez pas du matin au soir, chacun même est énervé et vous vous lancez des mots qui ne tiennent pas quoi. C'est le fait de beaucoup rester à la maison qui fait que chacun est mécontent. L'ennui fait que chacun déverse sa colère sur l'autre (entretien réalisé le 22/06/2021, dans le 7ᵉ arrondissement).

En dehors de la famille, les relations avec le voisinage sont devenues compliquées dans la mesure où l'entourage interprète mal le respect des mesures de distanciation physique (le fait de fermer sa porte, de ne pas serrer la main). D'où les propos suivants:« *Certaines personnes te tendent la main, tu refuses ça devient un problème. Ils disent, tu me traites comme si j'étais malade. Et c'est là où ça devient un peu plus compliquée qu'avant* » (entretien réalisé le 29/06/2021, dans le 9ᵉ arrondissement).

Enfin, la Covid-19 a engendré la stigmatisation de ceux qui en étaient atteints. Après leur guérison, ceux-ci ont été rejetés, abandonnés et stigmatisés par leur entourage. Cette stigmatisation résulte de la peur que ces personnes ne soient totalement guéries et qu'elles représentent un danger, une menace pour leur santé. Cette perception à l'égard des malades explique ces propos : « *Après ma sortie de l'hôpital où j'ai passé un mois, j'ai été stigmatisé et beaucoup même par le quartier. J'étais obligé de faire une sortie médiatique à la FM Liberté. Même les amis proches là même m'ont abandonné. J'ai souffert* » (entretien réalisé le 29/06/2021, dans le 3ᵉ arrondissement de N'Djamena).

Au terme de ce chapitre, nous pouvons dire que la Covid-19 a des effets réels sur le mode de vie de la population de la ville de N'Djamena. Ces effets se traduisent par des pertes humaines et des désolations, de nouveaux sentiments, la diminution et l'augmentation du nombre fois de consommation de repas par jour, l'augmentation du prix de transport rendant difficile son déplacement et du prix des denrées alimentaires, le chômage, la baisse de production, la diminution de revenu, des changements de comportement chez les enfants et jeunes et des changements dans les rapports sociaux.

CHAPITRE IV

NIVEAU D'ADHERENCE DE LA POPULATION DE N'DJAMENA FACE AUX MESURES PRISES PAR L'ETAT

Ce quatrième chapitre de notre travail consistera à mesurer le niveau d'adhérence de la population de N'Djamena face aux mesures prises par l'État tchadien pour contenir la propagation de la pandémie de la Covid-19. L'on entend ici par niveau d'adhérence, les appréciations faites par la population au sujet des mesures barrières prises par l'État tchadien pour contrecarrer la propagation de la pandémie. En effet, les mesures barrières ne sont pas perçues de la même manière par toute la population. C'est dire que les appréciations des mesures sont multiples et variées. Mais nous retenons deux (2) points de vue essentiels. Il y a donc d'un côté, ceux qui les trouvent meilleures et de l'autre côté, ceux qui les trouvent contraignantes. Cependant, face à ces mesures contraignantes, la population a mis sur pied des stratégies de contournement qui, lui permettent de vaquer à ses activités quotidiennes.

Ainsi, ce chapitre mesurant le niveau d'adhérence de la population face aux mesures barrières s'articulera autour de deux grandes parties. La première partie portera sur l'analyse statistique du niveau d'adhérence de la population à partir des données quantitatives collectées sur le terrain grâce au questionnaire et la seconde partie quant à elle, mettra en exergue l'analyse des données qualitatives collectées sur le terrain à l'aide de l'entretien semi-directif.

IV-1/ANALYSE STATISTIQUE DU NIVEAU D'ADHERENCE

Cette partie de notre chapitre sera consacrée à l'analyse variée qui se rapporte au tri simple et à l'analyse bivariée, qui se rapporte au tri croisé. Laquelle analyse nous permettra de déterminer le niveau d'adhérence de la population de la ville de N'Djamena face aux mesures barrières.

1-1/Non adhérence et adhérence aux mesures prises par l'État

Les mesures prises par l'État ont provoqué des réactions au sein de la population de la ville de N'Djamena. Ces réactions sont dues au fait que ces mesures sont non seulement contraignantes mais bouleversent également son quotidien. Le niveau d'adhérence et de non adhérence se traduit par le nombre de fois où la population respecte les mesures, le nombre de fois où elle ne les respecte pas, la fréquence de port de masque et le nombre de fois mis en quarantaine. Ainsi, la fréquence de port de masque est déterminée par le statut matrimonial, le type de famille, le niveau d'instruction et la profession. Le nombre de fois mis en quarantaine quant à lui, est déterminé par le statut matrimonial, le niveau d'instruction et la profession.

Graphique 12. Non adhérence et adhérence aux mesures prises

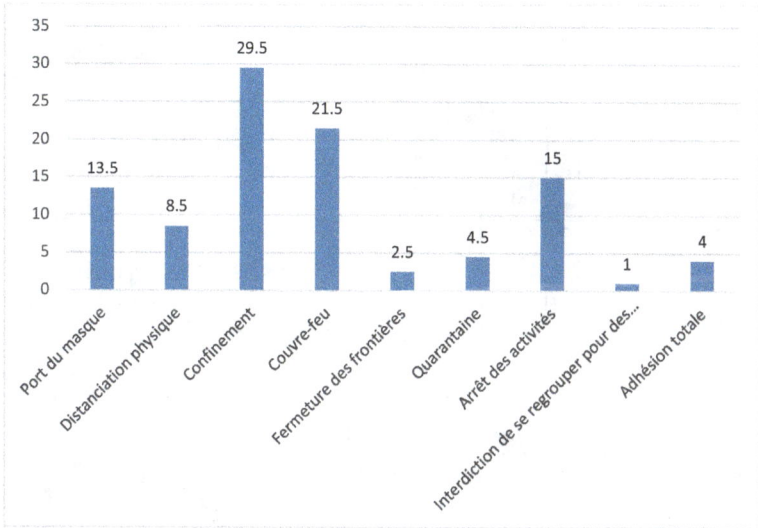

Source: Enquête de terrain, juin 2021.

Ce graphique nous montre qu'à N'Djamena, 13,5% de la population n'adhère pas au port de masque; 8,5%, à la distanciation physique; 29,5%, au confinement; 21,5%, au couvre-feu; 2,5%, à la fermeture des écoles; 4,5%, à la quarantaine; 15%, à l'arrêt des activités; 1%, à l'interdiction de se regrouper pour des cérémonies festives et enfin, 4% contrairement aux autres, adhère totalement aux mesures prises par l'État. Ainsi, 96% de la population n'adhère pas aux mesures barrières et 4% adhère totalement aux mesures.

Tableau 6. Non adhérence et adhérence aux mesures selon la profession.

Profession	Non adhérence de la population aux mesures prises par l'Etat									Total
	Port de masque	Distanciation physique	Confinement	Couvre-feu	Fermeture des frontières	Quarantaine	Arrêt des activités	Interdiction de se regrouper pour des cérémonies festives	Adhésion totale	
Agriculteur	1	0	0	0	0	0	0	0	0	1
	+3.7%	0.0%	0.0%	0.0%	0.0%	0.0%	0.0%	0.0%	0.0%	0.5%
Artisan	1	0	0	2	0	1	0	0	0	4
	+3.7%	0.0%	0.0%	+4.7%	0.0%	+11.1%	0.0%	0.0%	0.0%	2.0%
Chauffeur	0	0	0	0	0	0	2	0	0	2
	0.0%	0.0%	0.0%	0.0%	0.0%	0.0%	+6.7%	0.0%	0.0%	1.0%
Chef d'entreprise	2	0	0	2	0	0	0	0	0	4
	+7.4%	0.0%	0.0%	+4.7%	0.0%	0.0%	0.0%	0.0%	0.0%	2.0%
Commerçant	2	1	5	6	0	2	2	0	0	18
	7.4%	5.9%	8.5%	+14.0%	0.0%	+22.2%	6.7%	0.0%	0.0%	9.0%
Ingénieur	0	2	6	0	0	0	0	0	2	10
	0.0%	+11.8%	+10.2%	0.0%	0.0%	0.0%	0.0%	0.0%	+25.0%	5.0%
Enseignant	5	1	11	5	0	2	7	1	1	33
	+18.5%	5.9%	+18.6%	11.6%	0.0%	+22.2%	+23.3%	+50.0%	12.5%	16.5%
Employé	0	1	3	2	0	0	1	0	0	7
	0.0%	5.9%	5.1%	4.7%	0.0%	0.0%	3.3%	0.0%	0.0%	3.5%
Médecin	1	1	3	5	0	0	2	0	0	12
	3.7%	5.9%	5.1%	+11.6%	0.0%	0.0%	+6.7%	0.0%	0.0%	6.0%
Ménagère	2	0	0	0	0	0	0	0	1	3
	+7.4%	0.0%	0.0%	0.0%	0.0%	0.0%	0.0%	0.0%	+12.5%	1.5%

Ouvrier	3	+11.1%	1	+5.9%	2	3.4%	0	0.0%	1	+20.0%	0	0.0%	1	3.3%	0	0.0%	0	0.0%	8	4.0%
Retraité	0	0.0%	0	0.0%	3	+5.1%	0	0.0%	0	0.0%	0	0.0%	0	0.0%	0	0.0%	0	0.0%	3	1.5%
Sans-emploi	3	11.1%	3	17.6%	13	+22.0%	7	16.3%	2	+40.0%	3	+33.3%	7	+23.3%	1	+50.0%	3	+37.5%	42	21.0%
Autres professions	7	25.9%	7	+41.2%	13	22.0%	14	+32.6%	2	+40.0%	1	11.1%	8	+26.7%	0	0.0%	1	12.5%	53	26.5%
Total	27	100.0%	17	100.0%	59	100.0%	43	100.0%	5	100.0%	9	100.0%	30	100.0%	2	100.0%	8	100.0%	200	100.0%

Source: Enquête de terrain, Juin 2021.

De manière significative à N'Djamena, 13,5% de la population n'adhère pas au port de masque; 8,5%, à la distanciation physique; 29,5%, au confinement; 21,5%, au couvre-feu; 2,5%, à la fermeture des frontières; 4,5%, à la quarantaine; 15%, à l'arrêt des activités; 1%, à l'interdiction de se regrouper pour des cérémonies festives et 4% pour sa part, adhère totalement aux mesures prises par l'État pour contenir la propagation de la pandémie.

En effet, les agriculteurs (100%) n'adhèrent pas aux mesures prises par l'État pour contenir la propagation de la pandémie. Du côté des artisans, 25% n'adhère pas au port de masque; 50% n'adhère pas au couvre-feu et 25%, à la quarantaine. Comme les agriculteurs, les artisans n'adhèrent aussi pas aux mesures prises par l'État dans le but de contenir la propagation de la pandémie.

En ce qui concerne les chauffeurs, tous (100%) n'adhèrent pas à l'arrêt des activités et donc, ils n'adhèrent pas aux mesures prises par l'État pour contenir la propagation de la pandémie. Du côté des chefs d'entreprise, 50% n'adhère pas au port de masque et 50%, au couvre-feu. De ce fait, tous les chefs d'entreprise n'adhèrent pas aux mesures prises par l'État.

Quant aux commerçants, 11,1% n'adhère pas au port de masque; 5,6%, à la distanciation physique; 27,8%, au confinement; 33,3%, au couvre-feu; 11,1%, à la quarantaine et 11,1%, à l'arrêt des activités. De même que les chefs d'entreprise, les commerçants n'adhèrent pas aux mesures barrières prises par l'État pour contenir la maladie.

Par ailleurs, 20% des ingénieurs n'adhère pas à la distanciation physique; 60%, au confinement contre 20% qui, adhère totalement aux mesures prises par l'État. Ainsi, les ingénieurs n'adhèrent également pas aux mesures barrières prises pour contenir la propagation de la pandémie.

Or, du côté des enseignants, 15,1% n'adhère pas au port de masque; 3,1%, à la distanciation physique; 33,3%, au confinement; 15,1%, au couvre-feu; 6%, à la quarantaine; 21,2%, à l'arrêt des activités; 3,1%, à l'interdiction de se regrouper pour des cérémonies festives et 3,1% quant à lui adhère totalement aux mesures prises par l'État pour contenir la pandémie.

Chez les employés, 14,3% n'adhère pas à la distanciation physique; 42,9%, au confinement; 28,6%, au couvre-feu et 14,2%, à l'arrêt des activités. Tous les employés n'adhèrent donc pas aux mesures prises par l'État pour contenir la Covid-19. Néanmoins, 8,3% des médecins n'adhère pas au port de masque; 8,3%, à la distanciation physique; 25%, au confinement; 41,7%, au couvre-feu et 16,7%, à l'arrêt des activités. Ainsi, tous les médecins n'adhèrent donc pas aux mesures de contingence prises par l'État dans le but de contenir la pandémie.

Par contre, du côté des ménagères, 66,7% n'adhère pas au port de masque contre 33,3% qui, adhère totalement aux mesures prises par l'État. Alors que, chez les ouvriers, 37,5% n'adhère pas au port de masque; 12,5%, à la distanciation physique; 25%, au confinement; 12,5%, à la fermeture des frontières et 12,5%, à l'arrêt des activités. Ainsi, tous les ouvriers n'adhèrent pas aux mesures prises par l'État.

Par conséquent, tous (100%) les retraités n'adhèrent pas au confinement et donc, ils n'adhèrent pas à ces mesures prises. En ce qui concerne ceux qui n'ont pas d'emplois, 7,1% n'adhère pas au port de masque; 7,1%, à la distanciation physique; 30,9%, au confinement; 16,7%, au couvre-feu; 4,8%, à la fermeture des frontières; 7,1%, à la quarantaine; 16,7%, à l'arrêt des activités; 2,4%, à l'interdiction de se regrouper pour des cérémonies festives contre 7,2% qui, adhère totalement aux mesures prises.

Par ailleurs, 13,2% de ceux qui ont d'autres professions n'adhère pas au port de masque; 13,2%, à la distanciation physique; 24,5%, au confinement; 26,4%, au couvre-feu; 3,8%, à la fermeture des frontières; 1,9%, à la quarantaine; 15,1%, à l'arrêt des activités contre 1,9% qui adhère totalement aux mesures prises par l'État pour contenir la pandémie.

Au regard, il ressort de ce tableau qu'il y a variation par hasard (Khi-deux=109,169; ddl=104 et signification asymptotique=0,345) mais il n'existe pas de corrélation statistique entre la profession et la non adhérence et l'adhérence de la population de la ville de N'Djamena aux mesures prises par l'État.

Ainsi, les agriculteurs, les chauffeurs, les chefs d'entreprise, les commerçants, les employés, les médecins, les ouvriers et les retraités n'adhèrent pas aux mesures prises par l'État pour limiter la propagation de la pandémie.

Tableau 7. Fréquence de port de masque selon le statut matrimonial

Statut Matrimonial	Port de masque			Total
	Toujours	Souvent	Jamais	
Célibataire	40	48	4	92
	43.5%	+48.0%	+50.0%	46.0%
Marié(e)	43	48	0	91

	+46.7%	+48.0%	0.0%	45.5%
Divorcé(e)	5	4	2	11
	5.4%	4.0%	+25.0%	5.5%
Veuf (ve)	4	0	2	6
	4.3%	0.0%	+25.0%	3.0%
Total	92	100	8	200
	100.0%	100.0%	100.0%	100.0%

Source: Enquête de terrain, juin 2021.

A N'Djamena de manière significative, 46% de la population porte toujours le masque; 50% le porte souvent et 4% n'a jamais porté le masque.

En effet, 43,5% des célibataires porte toujours le masque; 52,2% le porte souvent et 4,3% n'a jamais porté le masque. Ainsi, chez les célibataires, la proportion de ceux qui portent toujours le masque dépasse celle de ceux qui le portent souvent et plus encore la proportion de ceux qui ne le portent jamais. Par conséquent, du côté des mariés, 47,3 % porte toujours le masque contre 52,7% qui le porte souvent. Ce qui signifie que tous les mariés portent le masque.

Tandis que, chez les divorcés, 45,4% porte toujours le masque; 36,4% le porte souvent et 18,2% n'a jamais porté le masque. Ainsi, comme les célibataires, la proportion des mariés qui portent toujours et souvent le masque est plus grande que celle de ceux qui n'ont jamais porté le masque. Or, chez les veufs, 66,7% porte toujours le masque contre 33,3% qui n'a jamais porté le masque. Ceux qui ne portent jamais le masque sont ainsi plus nombreux chez les veufs (33,3%) que chez les célibataires (4,3%) et les divorcés (18,2%).

Au regard de ce tableau, nous pouvons affirmer qu'il y a une corrélation statistique (Khi-deux=14,563; ddl=6 et signification asymptotique=0,015) entre le statut matrimonial et la fréquence de port de masque. Autrement dit, il existe une relation entre le statut matrimonial et le port de masque car le Khi-deux calculé (14,563) est supérieur au Khi-deux théorique lu (12,5916) au seuil α=5% et au ddl=6.

Ainsi, plus on est marié, plus on porte de masque et plus on est célibataire, plus on ne porte jamais le masque.

Tableau 8. *Fréquence de port de masque selon le type de famille*

Type de Famille	Port de masque			Total
	Toujours	Souvent	Jamais	
Nucléaire	57	54	1	112
	+62.0%	53.5%	14.3%	56.0%
Monoparentale	20	17	2	39
	+21.7%	16.8%	+28.6%	19.5%
Recomposée	2	14	0	16
	2.2%	+13.9%	0.0%	8.0%
Adoptive	4	9	4	17
	4.3%	+8.9%	+57.1%	8.5%
Etendue	9	7	0	16
	+9.8%	6.9%	0.0%	8.0%
Total	92	101	7	200
	100.0%	100.0%	100.0%	100.0%

Source: Enquête de terrain, Juin 2021.

De manière significative, à N'Djamena, 46% de la population porte toujours le masque; 50,5% porte souvent le masque et 3,5% n'a jamais porté le masque.

En effet, 50,9% de ceux qui appartiennent à une famille nucléaire porte toujours le masque; 48,2% le porte souvent et 0,9% n'a jamais porté le masque. Or, 51,3% de ceux qui appartiennent à une famille monoparentale porte toujours le masque; 43,6% le porte souvent et 5,1% n'a jamais porté le masque. Du côté de ceux qui appartiennent à une famille recomposée, 12,5% porte toujours le masque contre 87,5% qui le porte souvent. Ainsi, tous ceux qui appartiennent à une famille recomposée porte le masque.

Par conséquent, 23,5% de ceux qui appartiennent à une famille adoptive porte toujours le masque; 53% le porte souvent et 23,5% quant à lui n'a jamais porté le masque. Enfin, du côté de ceux qui appartiennent à une famille étendue, 56,2% porte toujours le masque contre 43,8% qui, le porte souvent.

Au regard de ce tableau, nous pouvons affirmer qu'il y a une forte corrélation statistique (Khi-deux=27,183; ddl=8 et Signification asymptotique=0) entre le type de famille et la fréquence de port de masque. Le type de famille détermine ainsi la fréquence de port de masque. De ce fait, il existe une relation entre les deux variables car le Khi-deux calculé (27,183) est supérieur au Khi-deux théorique lu (15,5073) au seuil α=5% et au ddl=8. Ainsi, plus on appartient à une famille recomposée et étendue, plus on porte toujours et souvent le masque.

Tableau 9. Fréquence de port de masque selon le niveau d'instruction

Niveau d'instruction	Port de masque			Total
	Toujours	Souvent	Jamais	
Primaire	4	3	2	9
	4.3%	3.0%	+25.0%	4.5%
Secondaire	20	23	2	45
	21.7%	+23.0%	+25.0%	22.5%
Supérieur	68	72	4	144
	+73.9%	72.0%	50.0%	72.0%
Sans instruction	0	2	0	2
	0.0%	+2.0%	0.0%	1.0%
Total	92	100	8	200
	100.0%	100.0%	100.0%	100.0%

<u>Source</u>: *Enquête de terrain, Juin 2021.*

De manière significative à N'Djamena, 46% de la population porte toujours le masque; 50%, le porte souvent et enfin, 4% de la population n'a jamais porté le masque. En effet, à N'Djamena, 44,5% de ceux qui ont le niveau primaire porte toujours le masque; 33,3% le porte souvent et 22,2% n'a jamais porté le masque. Or, du côté de ceux qui ont le niveau secondaire, 44,4% porte toujours le masque; 51,1% le porte souvent contre 4,5% qui, n'a jamais porté le masque.

En ce qui concerne ceux qui ont le niveau supérieur, 47,2% porte toujours le masque; 50% le porte souvent et 2,8% contrairement aux autres, n'a jamais porté le masque. Par ailleurs, du côté de ceux qui ne sont pas instruits, tous (100%) portent souvent le masque.

Au vu de ce tableau, nous pouvons affirmer qu'il y a variation par hasard (Khi-deux=8,506; ddl=6 et signification asymptotique=0,051) entre le niveau d'instruction et le port de masque. Il n'y a pas de relation entre les deux variables car le Khi-eux calculé (8,506) est inférieur au Khi-deux théorique lu (12,5916) au seuil α=5% et au ddl=6. Ainsi, plus on est instruit, plus on porte le masque et moins on est instruit, plus on ne porte jamais le masque.

Tableau 10. Fréquence de port de masque selon la profession

Profession	Port de masque			Total
	Toujours	Souvent	Jamais	
Agriculteur	0	0	1	1
	0.0%	0.0%	+12.5%	0.5%
Artisan	2	1	1	4
	+2.2%	1.0%	+12.5%	2.0%
Chauffeur	1	1	0	2
	+1.1%	1.0%	0.0%	1.0%
Chef d'entreprise	2	2	0	4
	+2.2%	2.0%	0.0%	2.0%
Commerçant	5	12	1	18
	5.4%	+12.0%	+12.5%	9.0%
Ingénieur	4	6	0	10
	4.3%	+6.0%	0.0%	5.0%
Enseignant	17	16	0	33
	+18.5%	16.0%	0.0%	16.5%
Employé	4	3	0	7
	+4.3%	3.0%	0.0%	3.5%
Médecin	8	4	0	12
	+8.7%	4.0%	0.0%	6.0%
Menagère	1	1	1	3
	1.1%	1.0%	+12.5%	1.5%
Ouvrier	5	2	1	8
	5.4%	2.0%	+12.5%	4.0%
Retraité	1	2	0	3
	1.1%	+2.0%	0.0%	1.5%
Sans emploi	21	19	2	42
	+22.8%	19.0%	+25.0%	21.0%
Autres professions	21	31	1	53
	22.8%	+31.0%	12.5%	26.5%
Total	92	100	8	200
	100.0%	100.0%	100.0%	100.0%

Source: Enquête de terrain, Juin 2021

De manière significative à N'Djamena, 46% de la population porte toujours le masque; 50% le porte souvent et enfin, 4% de la population n'a jamais porté le masque.

En effet, les agriculteurs (100%) n'ont jamais porté le masque. Or, du côté des artisans, 50% porte toujours le masque; 25% le porte souvent et 25% n'a jamais porté le masque. Tandis que du côté des chauffeurs, 50% porte toujours le masque contre 50% qui le porte souvent. A cet effet, tous les chauffeurs portent le masque.

Par ailleurs, 50% des chefs d'entreprise portent le masque contre 50% qui le porte souvent. Comme les chauffeurs, tous les chefs d'entreprise portent le masque. Alors que, chez les commerçants, 27,8% porte toujours le masque; 66,7% le porte souvent et 5,5% au contraire, n'a jamais porté le masque. Néanmoins, du côté des ingénieurs, 40% porte toujours le masque contre 60% qui, le porte souvent. Ainsi, tous les ingénieurs portent le masque.

Par contre, du côté des enseignants, 51,5% porte toujours le masque contre 48,5% qui, le porte souvent. De ce fait, tous les enseignants portent le masque. En ce qui concerne les employés, 57,1% porte toujours le masque contre 42,9% qui, le porte souvent. Ainsi, tous les employés portent le masque. Quant aux médecins, 66,7% porte toujours le masque contre 33,3% qui, le porte souvent et donc tous les médecins portent le masque.

Du côté des ménagères, 33,3% porte toujours le masque; 33,3% le porte souvent et 33,4% quant à lui, n'a jamais porté le masque. Chez les ouvriers, 62,5% porte toujours le masque; 25% le porte souvent et 12,5% n'a jamais porté le masque. Au contraire, du côté des retraités, 33,3% porte toujours le masque et 66,7% le porte souvent. Ainsi, tous les retraités portent le masque.

Chez ceux qui n'ont pas d'emplois, 50% porte le masque; 45,2% le porte souvent et 4,8% par contre, n'a jamais porté le masque. Enfin, 39,6% de ceux qui ont d'autres professions porte toujours le masque; 58,5% le porte souvent et 1,9% quant à lui, n'a jamais porté le masque.

Ce tableau nous montre qu'il y a corrélation statistique (Khi-deux=56,362; ddl=26 et signification asymptotique=0,001) entre la profession et la fréquence de port de masque. De ce fait, il y a une relation entre les deux variables car le Khi-deux calculé (56,362) est supérieur au Khi-deux théorique lu (38,8851) au seuil α=5% et au ddl=26.

Ainsi, les chauffeurs, les chefs d'entreprise, les enseignants, les employés, les médecins et les retraités portent toujours et souvent le masque et les agriculteurs quant à eux n'ont jamais porté le masque.

Tableau 11. Nombre de fois mis en quarantaine selon le statut matrimonial

Statut Matrimonial	Nombre de fois mis en quarantaine				Total
	Une fois	Deux fois	Trois fois et plus	Jamais	
Célibataire	6	0	2	84	92
	+60.0%	0.0%	+66.7%	45.2%	46.0%
Marié(e)	4	0	1	86	91
	40.0%	0.0%	33.3%	+46.2%	45.5%
Divorcé(e)	0	0	0	11	11
	0.0%	0.0%	0.0%	+5.9%	5.5%
Veuf (ve)	0	1	0	5	6
	0.0%	+100.0%	0.0%	2.7%	3.0%
Total	10	1	3	186	200
	100.0%	100.0%	100.0%	100.0%	100.0%

Source: Enquête de terrain, juin 2021.

De manière significative à N'Djamena, 5% de la population a été mis une fois en quarantaine; 0,5%, deux fois; 1,5% a été mis trois fois et plus en quarantaine et enfin, 93% n'a jamais été mis en quarantaine.

En effet, chez les célibataires, 6,5% a été mis en quarantaine une fois; 2,2% l'a été trois fois et plus et 91,3% n'a jamais été mis en quarantaine. Par ailleurs, 4,4 % des mariés a été mis une fois en quarantaine; 1,1%, trois fois et plus et 94,5% n'a jamais mis quarantaine. Or, tous les divorcés n'ont jamais été mis en quarantaine. Tandis que du côté des veufs, 16,7% a été mis en quarantaine deux fois contre 83,3%, qui n'a jamais été mis en quarantaine.

A la lecture de ce tableau, nous pouvons dire qu'il y a corrélation statistique (Khi-deux=34,476; ddl=9 et signification asymptotique=0) entre le statut matrimonial et le nombre de fois où la population de N'Djamena a été mis en quarantaine. Il y a une relation entre les deux variables car le Khi-deux calculé (34,476) est supérieur au Khi-deux théorique lu (16,9190) au seuil α=5% et au ddl=9.

Ainsi, les célibataires et les mariés ont été plus mis en quarantaine (trois fois et plus); les veufs l'ont été deux fois et les divorcés quant à eux n'ont jamais été mis en quarantaine.

Tableau 12. Nombre de fois mis en quarantaine selon le niveau d'instruction

Niveau d'instruction	Nombre de fois mis en quarantaine				Total
	Une fois	Deux fois	Trois fois et plus	Jamais	
Primaire	0	1	0	8	9
	0.0%	+100.0%	0.0%	4.3%	4.5%
Secondaire	0	0	0	45	45
	0.0%	0.0%	0.0%	+24.2%	22.5%
Supérieur	10	0	3	131	144
	+100.0%	0.0%	+100.0%	70.4%	72.0%
Sans instruction	0	0	0	2	2
	0.0%	0.0%	0.0%	+1.1%	1.0%
Total	10	1	3	186	200
	100.0%	100.0%	100.0%	100.0%	100.0%

<u>Source</u>: *Enquête de terrain, Juin 2021.*

De manière significative à N'Djamena, 5% de la population a été mis une fois en quarantaine; 0,5% a été mis deux fois en quarantaine; 1,5% a été mis trois fois et plus en quarantaine et enfin, 93% de la population n'a jamais été mis en quarantaine.

En effet, 11,1% de ceux qui ont le niveau primaire a été mis deux fois en quarantaine contre 88,9% qui, n'a jamais été mis en quarantaine. Du côté de ceux qui ont le niveau secondaire, tous n'ont jamais été mis en quarantaine. Quant à ceux qui ont le niveau supérieur, 6,9% a été mis une fois en quarantaine; 2,2%, trois fois et plus et 90,9% quant à lui, n'a jamais été mis en quarantaine. Par ailleurs, tous ceux qui ne sont pas instruits n'ont jamais été mis en quarantaine.

A la lecture de ce tableau, il ressort qu'il y a corrélation statistique (Khi-deux=26,605; ddl=9 et signification asymptotique=0,002) entre le niveau d'instruction et le nombre de fois mis en quarantaine. Il y a une relation entre les deux variables car le Khi-deux calculé (26,605) est supérieur au Khi-deux théorique lu (16,9190) au seuil α=5% et au ddl=9.

Ainsi, ceux qui ont le niveau supérieur ont été plus mis en quarantaine. Ceux qui ont le niveau secondaire et ceux qui ne sont pas instruits n'ont jamais été mis en quarantaine.

Tableau 13. Nombre de fois mis en quarantaine selon la profession.

Profession	Nombre de fois mis en quarantaine				Total
	Une fois	Deux fois	Trois fois et plus	Jamais	
Agriculteur	0	0	0	1	1
	0.0%	0.0%	0.0%	+0.5%	0.5%
Artisan	0	0	0	4	4
	0.0%	0.0%	0.0%	+2.2%	2.0%
Chauffeur	0	0	0	2	2
	0.0%	0.0%	0.0%	+1.1%	1.0%
Chef d'entreprise	1	0	0	3	4
	+10.0%	0.0%	0.0%	1.6%	2.0%
Commerçant	1	0	0	17	18
	+10.0%	0.0%	0.0%	+9.1%	9.0%
Ingénieur	2	0	0	8	10
	+20.0%	0.0%	0.0%	4.3%	5.0%
Enseignant	0	0	0	33	33
	0.0%	0.0%	0.0%	+17.7%	16.5%
Employé	0	0	0	7	7
	0.0%	0.0%	0.0%	+3.8%	3.5%
Médecin	3	0	0	9	12
	+30.0%	0.0%	0.0%	4.8%	6.0%
Ménagère	0	1	0	2	3
	0.0%	+100.0%	0.0%	1.1%	1.5%
Ouvrier	1	0	1	6	8
	+10.0%	0.0%	+33.3%	3.2%	4.0%
Retraité	0	0	0	3	3
	0.0%	0.0%	0.0%	+1.6%	1.5%
Sans emploi	2	0	0	40	42
	20.0%	0.0%	0.0%	+21.5%	21.0%
Autres professions	0	0	2	51	53
	0.0%	0.0%	+66.7%	+27.4%	26.5%
Total	10	1	3	186	200
	100.0%	100.0%	100.0%	100.0%	100.0%

Source: Enquête de terrain, Juin 2021.

De manière significative dans la ville de N'Djamena, 5% de la population a été mis une fois en quarantaine; 0,5% a été mis deux fois en quarantaine; 1,5%

a été mis en quarantaine trois fois et plus et enfin, 93% n'a jamais été mis en quarantaine.

En effet, les agriculteurs, les artisans, les chauffeurs, les enseignants, les employés, les retraités n'ont jamais été mis en quarantaine. Or, 25% des chefs d'entreprise a été mis en quarantaine une fois contre 75% qui n'a jamais été mis en quarantaine. Par conséquent, du côté des commerçants, 5,6 % a été mis en quarantaine une fois contre 94,4% qui, n'a jamais été mis en quarantaine.

Du côté des ingénieurs, 20% a été mis en quarantaine une fois contre 80% qui, n'a jamais été mis en quarantaine. Quant aux médecins, 25% a été mis en quarantaine une fois contre 75% qui, n'a jamais été mis en quarantaine. Par ailleurs, chez les ménagères, 33,3% a été mis en quarantaine deux fois contre 66,7% qui, n'a jamais été mis en quarantaine.

Par contre, 12,5% des ouvriers a été mis en quarantaine une fois; 12,5% l'a été trois fois et plus et 75% n'a jamais été mis en quarantaine. Tandis que chez ceux qui sont sans-emplois, 4,8% a été mis une fois en quarantaine contre 95,2% qui, n'a jamais été mis en quarantaine. Enfin, 3,8% de ceux qui ont d'autres professions, a été mis en quarantaine trois fois et plus contre 96,2% qui, n'a jamais été mis en quarantaine.

Après avoir décrit ce tableau, il en ressort qu'il y a une forte corrélation statistique (Khi-deux= 101,138; ddl=39 et signification asymptotique=0) et donc une forte relation entre la profession et le nombre de fois mis en quarantaine car le khi-deux calculé (101,138) est supérieur au khi-deux théorique lu (25,095) au seuil α=5% et au ddl=39. De ce fait, le nombre de fois où la population de la ville de N'Djamena est mise en quarantaine est déterminé par sa profession. En somme, les ouvriers et ceux qui ont d'autres emplois, sont ceux qui sont le plus mis en quarantaine.

1-2/Stratégies de contournement des mesures barrières par la population de N'Djamena

Les mesures barrières ou de contingence prises par l'État ont provoqué des mécontentements au sein de la population de la ville de N'Djamena. Ces mécontentements sont dus au fait qu'elles contraignent et empêchent cette dernière de mener à bien son activité quotidienne. A cet effet, pour pallier à cette situation, la population a développé des stratégies qui, lui permettent de contourner ces mesures et pouvoir exercer son activité. De ce fait, ces stratégies se traduisent par le non-respect de ces mesures de contingence. Ainsi, les stratégies de contournement des mesures sont déterminées par l'âge.

Graphique 13. Stratégies de contournement des mesures barrières

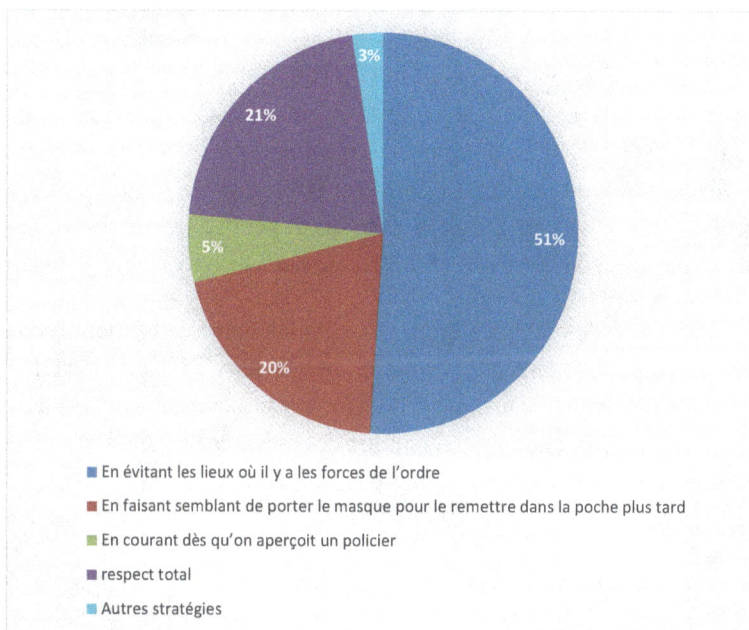

Source: Enquête de terrain, Juin 2021.

Ce graphique nous montre qu'à N'Djamena, comme stratégies de contournement des mesures barrières, 51% de la population évite les lieux où il y a les forces de l'ordre; 20% fait semblant de porter le masque pour le remettre dans la poche plus tard; 5% court dès qu'il aperçoit un policier; 21% quant à lui, respecte totalement les mesures barrières et donc ne les contourne pas et enfin, 3% met sur pied d'autres stratégies pour contourner les mesures prises par l'État afin de contrecarrer la propagation de la pandémie de la Covid-19. Ainsi, 79% de la population de la ville de N'Djamena contourne les mesures barrières et 21% les respecte totalement.

IV-2/ANALYSE DES DONNEES QUALITATIVES

Dans cette seconde partie de notre travail, il est important de souligner que les mesures barrières ne sont pas perçues de la même manière par toute la population. C'est-à-dire les appréciations des mesures sont multiples et variées. Ainsi, nous retenons dans le cadre de ce travail, deux (2) points de vue essentiels.

Il y a donc d'un côté, ceux qui les trouvent meilleures et de l'autre, ceux qui les trouvent contraignantes.

2-1/Adhérence aux mesures barrières

Pour une partie de la population, ces mesures barrières sont la meilleure solution prise par l'État pour protéger sa population. Elles ont permis de protéger la santé et par là, sauver la vie de toute la population. C'est ce qui explique les propos suivants: *« Moi je suis pour le port de masque. C'est important car ça protège la santé »* (entretien réalisé le 24/06/2021, dans le 6ᵉ arrondissement de N'Djamena). De plus, ces mesures ont aussi permis de renforcer les liens familiaux et permis à de nombreux familles de passer plus de temps ensemble.

En effet, pour les femmes en particulier, les mesures barrières sont « très bonnes » parce qu'elles leur ont permis de passer plus de temps avec leur mari qui, avant cette pandémie ne restait pratiquement pas à la maison mais passait plus de temps dehors. Ainsi, elles souhaitent que ces mesures ne soient pas levées afin que leur mari soit à la maison et qu'elles puissent profiter de leur présence. Ce qui traduit ces propos:

> Pour moi, le confinement c'est très bien, la quarantaine aussi c'est bon. Les hommes sont à la maison et à 18heures, ils sont à la maison. Donc c'est très bien j'aime, j'adhère à ça. Je veux beaucoup que ça continue comme ça que les hommes soient à la maison (entretien réalisé le 25/06/2021 dans le 7ᵉ arrondissement de N'Djamena).

2-2/Non adhérence aux mesures barrières

La deuxième appréciation nous laisse comprendre que certaines personnes à savoir les commerçants, les hommes d'affaires, les entrepreneurs, les débrouillards n'apprécient pas ces mesures. Ils les trouvent contraignantes et les privent de leur liberté. Ainsi, pour ces derniers, la fermeture des frontières, le confinement empêchent l'exportation des marchandises, les voyages d'affaires d'où un frein à l'exercice de leur activité quotidienne. Alors que, c'est de cette activité qu'ils arrivent à survivre, à joindre les deux bouts et plus précisément à subvenir à leurs besoins. Tout cela traduit les propos suivants:

> Ma fille, je suis commerçante, et là avant la Covid-19, j'exporte les étoffes et je pars revendre au village. Et l'argent me permet d'acheter les sacs d'arachides pour ramener en ville ici et faire les pattes d'arachide pour mon petit commerce. Mais avec la fermeture des frontières, je ne peux plus acheter ces pagnes pour les revendre. C'est vraiment difficile, ce sont ces pagnes qui me rapportent plus de bénéfice (entretien réalisé le 25/06/2021, dans le 3ᵉ arrondissement de N'Djamena).

D'autres les trouvent anormales et qu'elles constituent un frein à l'exercice de leur activité. C'est ce qui explique ces propos: « *C'est pas normal ces mesures et surtout le confinement. Moi je vis le jour au jour, et c'est cette activité qui me permet de survivre. Et là on me dit de rester à la maison. De quoi vais-je me nourrir? C'est pas normal* » (entretien réalisé le 25/06/2021 dans le 7ᵉ arrondissement de N'Djamena).

2-3/Stratégies de contournement des mesures barrières

Face aux contraintes qu'imposent les mesures barrières, certains sont obligés de respecter car pour eux, ils ne sont pas au-dessus de la loi et donc des décisions ou mesures prises par l'État. C'est ce qui explique les propos suivants: « *Je suis obligée de respecter, je fais avec. La loi c'est la loi parce que nul n'est au-dessus de la loi* » (entretien réalisé le 25/06/2021, dans le 9ᵉ arrondissement de N'Djamena). D'autres par contre ne se sont pas laissés faire face à ces mesures qui constituent d'un côté, une entrave à leur épanouissement et de l'autre côté, bouleversent leur quotidienneté en mettant sur pied des stratégies afin de les contourner et exercer leur activité quotidienne. Ces stratégies se traduisent par le refus du port de masque parce que pour ces derniers, le masque les étouffe c'est-à-dire les empêche de bien respirer. D'où ces propos:

> Ma sœur, depuis que le Corona est venu, on nous dit de porter les masques car il nous protègera mais moi je ne le porte pas. Lorsque je porte, ça m'étouffe et je n'arrive pas à bien respirer. Alors pour éviter la répression des policiers, je le porte et une fois loin d'eux j'enlève et le remets dans la poche (entretien réalisé dans le 25/06/2021 dans le 9ᵉ arrondissement de N'Djamena).

D'autres encore affirment que l'État a pris ces mesures mais ne peut pas tout contrôler. Ainsi, ils les enfreignent pour pouvoir vaquer à leur occupation quotidienne. Ce qui traduit les propos suivants: « *Comme l'État ne contrôle pas toute l'étendue du territoire, ça a permis que moi qui suis au faubourg du quartier je ne le respecte pas, je sors pour exercer mes activités malgré le confinement exigé* » (entretien réalisé le 21/06/2021 dans le 7ᵉ arrondissement de N'Djamena). Ce qui confirme que: « *Dans une organisation sociale, l'acteur n'est jamais contraint* » (Crozier, 1970). Ainsi, malgré le degré de coercition de ces mesures, la population de N'Djamena a trouvé des stratégies qui lui ont permis de les contourner afin d'atteindre son propre objectif.

En somme, les mesures prises dans le cadre de la contingence de la pandémie ne sont pas appréciées de la même manière par toute la population de la ville de N'Djamena. Il y a d'un côté, ceux qui les apprécient, les trouvent meilleures et souhaitent que ces mesures ne soient pas levées, donc y adhèrent totalement. De l'autre, il y a ceux qui ne les apprécient pas, les trouvent contraignantes et anormales. Chez ces derniers, elles ont suscité des mécontentements. Ces mécontentements les ont poussés à mettre sur pied des stratégies leur permettant de les contourner. Lesquelles stratégies ont permis à la population d'exercer son activité quotidienne et ainsi d'assurer sa survie.

CHAPITRE V

STRATEGIES DE SURVIE DE LA POPULATION DE N'DJAMENA FACE À LA CRISE SANITAIRE DE LA COVID-19

Dans le chapitre précédent (chapitre 3), nous avons montré que la Covid-19 a bel et bien une incidence réelle sur le mode de vie de la population de N'Djamena. Mais devant cette crise qui veut la « finir », les gens refusent de se laisser faire. Alors pour *« survivre, ils n'ont d'autre choix que de s'organiser selon une autre logique. Ils doivent investir effectivement un autre système, une autre vie »* (Latouche, 1998). Cet autre système investi par la population de N'Djamena est appelé stratégies de survie. Les stratégies de survie dont nous faisons allusion dans ce travail, sont les moyens mis en œuvre par la population de N'Djamena par mesure adaptée lui permettant de faire face aux effets de la crise. Lesquelles stratégies lui permettent de subvenir à ses besoins et de « joindre les deux bouts ».

Ainsi, ce chapitre sera axé autour de deux grandes parties. La première partie fera une analyse statistique des données quantitatives et la seconde, quant à elle, analysera les données qualitatives.

V-1/ANALYSE STATISTIQUE DES STRATEGIES DE SURVIE

Cette partie de notre chapitre analysera nos données quantitatives collectées sur le terrain. Il sera question pour nous dans un premier temps, d'analyser les activités exercées par la population de N'Djamena avant l'arrivée de la pandémie de la Covid-19 et enfin, nous mettrons en exergue les stratégies mises sur pied par la population de N'Djamena pour survivre face à la crise qui prévaut.

1-1/Activités exercées par la population de N'Djamena avant la Covid-19

Avant l'arrivée de la pandémie, la population de N'Djamena exerçait paisiblement ses activités quotidiennes qui, lui ont permis de subvenir à ses besoins. De ce fait, les activités exercées avant l'arrivée de la pandémie sont déterminées par le sexe, le statut matrimonial, le type de famille, le niveau d'instruction et la profession.

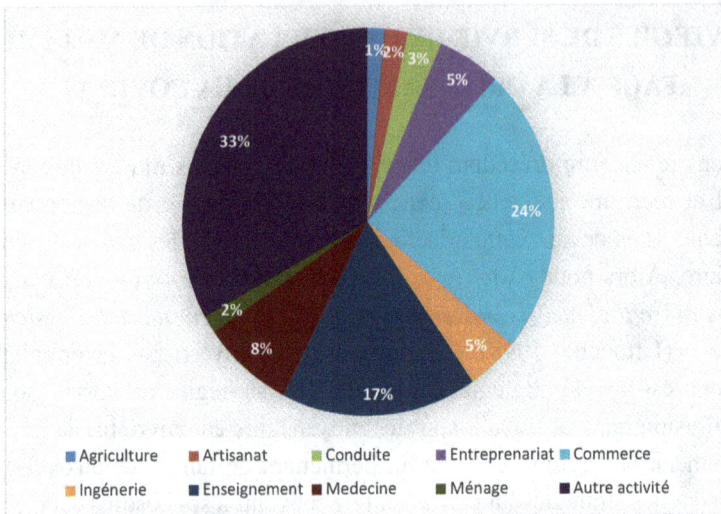

Source: *Enquête de terrain, Juin 2021.*

Ce graphique nous montre qu'à N'Djamena avant l'arrivée de la pandémie de la Covid-19, 1% de la population exerçait comme activité l'agriculture; 2%, l'artisanat; 3%, la conduite donc pratiquait le métier de chauffeur; 5% pratiquait l'entreprenariat; 24%, le commerce; 5%, l'ingénierie; 17%, l'enseignement; 8%, la médecine; 2% faisait le ménage et 33% exerçait d'autres activités.

Tableau 14. Activités exercées avant la Covid-19 selon le sexe.

Sexe	Activités avant Covid-19										Total
	Agriculture	Artisanat	Métier de Chauffeur	Entreprenariat	Commerce	Ingénierie	Enseignement	Médecine	Ménage	Autres activités	
Masculin	2	3	6	9	27	9	21	15	0	48	140
	66.7%	+75.0%	+100.0%	+81.8%	56.2%	+100.0%	61.8%	+93.8%	0.0%	+72.7%	70.0%
Feminin	1	1	0	2	21	0	13	1	3	18	60
	+33.3%	25.0%	0.0%	18.2%	+43.8%	0.0%	+38.2%	6.2%	+100.0%	27.3%	30.0%
Total	3	4	6	11	48	9	34	16	3	66	200
	100.0%	100.0%	100.0%	100.0%	100.0%	100.0%	100.0%	100.0%	100.0%	100.0%	100.0%

Source: Enquête de terrain, Juin 2021.

A N'Djamena de manière significative avant l'arrivée de la Covid-19, 1,5% de la population exerçait comme activité l'agriculture; 2%, l'artisanat; 3%, le métier de chauffeur; 5,5%, l'entreprenariat; 24%, le commerce; 4,5%, l'ingénierie; 17%, l'enseignement; 8% pratiquait la médecine; 1,5% faisait le ménage et enfin, 33% exerçait d'autres activités.

En effet, du côté des hommes, 1,4% exerçait comme activité l'agriculture; 2,1%, l'artisanat; 4,3% exerçait le métier de chauffeur; 6,5% pratiquait l'entreprenariat; 19,3%, le commerce; 6,4%, l'ingénierie; 15%, l'enseignement; 10,7%, la médecine et 34,3% exerçait d'autres activités. Tandis que du côté des femmes, 1,7% exerçait comme activité l'agriculture; 1,7%, l'artisanat; 3,3%, l'entreprenariat; 35%, le commerce; 21,7%, l'enseignement; 1,6% pratiquait la médecine; 5% faisait le ménage et 30%, d'autres activités.

A la lecture de ce tableau, il ressort qu'il y a corrélation statistique (Khi-deux=29,746; ddl=9 et signification asymptotique= 0,004) entre le sexe et les activités exercées avant l'arrivée de la Covid-19. De ce fait, avant l'arrivée de la pandémie, les activités exercées par la population de la ville de N'Djamena dépendaient de son sexe. Il y a une relation entre les deux variables car le Khi-deux calculé (29,746) est supérieur au Khi-deux théorique lu (16,9190) au seuil α=5% et au ddl=9.

Ainsi, avant la Covid-19 à N'Djamena, les femmes exerçaient comme activité l'agriculture, le commerce, l'enseignement et faisaient le ménage et les hommes pratiquaient l'artisanat, le métier de chauffeur, l'entreprenariat, l'ingénierie, la médecine et bien autres activités.

Tableau 15. Activités exercées avant la Covid-19 selon le statut matrimonial

Statut Matrimonial	Activités avant Covid-19										Total
	Agriculture	Artisanat	Chauffeur	Entreprenariat	Commerce	Ingénierie	Enseignement	Medecine	Ménage	Autres activités	
Célibataire	2	2	2	5	27	1	8	10	0	35	92
	+66.7%	+50.0%	33.3%	45.5%	+56.2%	11.1%	23.5%	+62.5%	0.0%	+53.0%	46.0%
Marié(e)	0	0	2	6	18	8	22	6	2	27	91
	0.0%	0.0%	33.3%	+54.5%	37.5%	+88.9%	+64.7%	37.5%	+66.7%	40.9%	45.5%
Divorcé(e)	1	1	2	0	1	0	1	0	1	4	11
	+33.3%	+25.0%	+33.3%	0.0%	2.1%	0.0%	2.9%	0.0%	+33.3%	+6.1%	5.5%
Veuf (ve)	0	1	0	0	2	0	3	0	0	0	6
	0.0%	+25.0%	0.0%	0.0%	+4.2%	0.0%	+8.8%	0.0%	0.0%	0.0%	3.0%
Total	3	4	6	11	48	9	34	16	3	66	200
	100.0%	100.0%	100.0%	100.0%	100.0%	100.0%	100.0%	100.0%	100.0%	100.0%	100.0%

Source: Enquête de terrain, Juin 2021.

De manière significative à N'Djamena avant l'arrivée de la Covid-19, 1,5% de la population exerçait comme activité l'agriculture; 2%, l'artisanat; 3% pratiquait le métier de chauffeur; 5,5% pratiquait l'entreprenariat; 24%, le commerce; 4,5% l'ingénierie; 17%, l'enseignement; 8% pratiquait la médecine; 1,5% faisait le ménage et enfin, 33% exerçait d'autres activités.

A N'Djamena, chez les célibataires, 2,2% exerçait comme activité l'agriculture; 2,2%, l'artisanat; 2,2% pratiquait le métier de chauffeur; 5,4%, l'entreprenariat; 29,3%, le commerce; 1,1%, l'ingénierie; 8,7%, l'enseignement; 10,9% pratiquait la médecine et 38,1% exerçait d'autres activités.

En ce qui concerne les mariés, 2,1% pratiquait le métier de chauffeur; 6,6%, l'entreprenariat; 19,8%, le commerce; 8,8%, l'ingénierie; 24,2%, l'enseignement; 6,6% pratiquait la médecine; 2,2% faisait le ménage et 29,7% exerçait d'autres activités. Par conséquent, du côté des divorcés, 9,1% exerçait comme activité l'agriculture; 9,1% pratiquait l'artisanat; 18,2%, le métier de chauffeur; 9,1%, le commerce; 9,1%, l'enseignement; 9,1% faisait le ménage et 36,3% exerçait d'autres activités. Enfin, du côté des veufs, 16,7% pratiquait l'artisanat; 33,3%, le commerce et 50% pratiquait l'enseignement.

Ce tableau nous montre ainsi qu'il y a une forte corrélation statistique (Khi-deux=59,352; ddl=27 et signification asymptotique=0) entre le statut matrimonial et les activités exercées avant l'arrivée de la Covid-19. Donc, il y a une relation entre les deux variables car le Khi-deux calculé (59,352) est supérieur au Khi-deux théorique lu (40,1133) au seuil α=5% et au ddl=27. De ce fait, les activités exercées par la population de la ville de N'Djamena avant la pandémie dépendaient fortement de son statut matrimonial.

Tableau 16. Activité exercée avant la Covid-19 selon le type de famille.

Type de Famille	Activités avant Covid-19										Total
	Agriculture	Artisanat	Chauffeur	Entreprenariat	Commerce	Ingénerie	Enseignement	Medecine	Ménage	Autres activités	
Nucléaire	0	1	3	10	28	3	19	10	2	36	112
	0.0%	25.0%	50.0%	+90.9%	+58.3%	33.3%	55.9%	+62.5%	+66.7%	54.5%	56.0%
Monoparentale	1	1	1	0	11	4	9	3	0	9	39
	+33.3%	+25.0%	16.7%	0.0%	+22.9%	+44.4%	+26.5%	18.8%	0.0%	13.6%	19.5%
Recomposée	0	0	0	1	3	1	0	1	1	9	16
	0.0%	0.0%	0.0%	+9.1%	6.2%	+11.1%	0.0%	6.2%	+33.3%	+13.6%	8.0%
Adoptive	1	2	2	0	2	0	0	1	0	9	17
	+33.3%	+50.0%	+33.3%	0.0%	4.2%	0.0%	0.0%	6.2%	0.0%	+13.6%	8.5%
Etendue	1	0	0	0	4	1	6	1	0	3	16
	+33.3%	0.0%	0.0%	0.0%	+8.3%	+11.1%	+17.6%	6.2%	0.0%	4.5%	8.0%
Total	3	4	6	11	48	9	34	16	3	66	200
	100.0%	100.0%	100.0%	100.0%	100.0%	100.0%	100.0%	100.0%	100.0%	100.0%	100.0%

Source: *Enquête de terrain, Juin 2021.*

De manière significative à N'Djamena avant l'arrivée de la Covid-19, 1,5% de la population exerçait comme activité l'agriculture; 2%, l'artisanat; 3% pratiquait le métier de chauffeur; 5,5%, l'entreprenariat; 24% pratiquait le commerce; 4,5%, l'ingénierie; 17%, l'enseignement; 8%, la médecine; 1,5% faisait le ménage et enfin, 33% exerçait d'autres activités.

En effet, chez ceux qui appartiennent à une famille nucléaire, 0,9% exerçait comme activité l'artisanat; 2,7% pratiquait le métier de chauffeur; 8,9%, l'entreprenariat; 25%, le commerce; 2,7%, l'ingénierie; 16,9%, l'enseignement; 8,9%, la médecine; 1,8% faisait le ménage et 32,2% exerçait d'autres activités. Or, du côté de ceux qui appartiennent à une famille monoparentale, 2,6% exerçait comme activité l'agriculture; 2,6% pratiquait l'artisanat; 2,6%, le métier de chauffeur; 28,2%, le commerce; 10,2%, l'ingénierie; 23,1%, l'enseignement; 7,6%, la médecine et 23,1% exerçait d'autres activités.

Quant à ceux qui appartiennent à une famille recomposée, 6,3% exerçait comme activité l'entreprenariat; 18,8%, le commerce; 6,3% pratiquait l'ingénierie; 6,2%, la médecine; 6,2% faisait le ménage et 56,2% exerçait d'autres activités. En ce qui concerne ceux qui appartiennent à une famille adoptive, 5,8% exerçait comme activité l'agriculture; 11,8%, l'artisanat; 11,8% pratiquait le métier de chauffeur; 11,8%, le commerce; 5,8%, la médecine et 52,9% exerçait d'autres activités. Par ailleurs, du côté de ceux qui appartiennent à une famille étendue, 6,3% exerçait comme activité l'agriculture; 25%, le commerce; 6,3% pratiquait l'ingénierie; 37,5%, l'enseignement; 6,2%, la médecine donc était médecin et enfin, 18,7% exerçait d'autres activités.

De tout ce qui précède, ce tableau nous montre qu'il y a corrélation statistique (Khi-deux=55,448; ddl=36 et signification asymptotique=0,020) entre le type de famille et les activités exercées par la population de N'Djamena avant la Covid-19. De ce fait, il existe une relation entre les deux variables car le khi-deux calculé (55,448) est supérieur au khi-deux théorique lu (23,269) au seuil α=5% et au ddl=36. Ainsi, les activités exercées par la population de la ville de N'Djamena avant la Covid-19 dépendaient du type de famille.

Tableau 17. *Activités exercées avant la Covid-19 selon le niveau d'instruction.*

Niveau d'instruction	Activités avant Covid-19										Total
	Agriculture	Artisanat	Chauffeur	Entreprenariat	Commerce	Ingénierie	Enseignement	Médecine	Ménage	Autres activités	
Primaire	1	1	0	0	3	0	1	0	1	2	9
	+33.3%	+25.0%	0.0%	0.0%	+6.2%	0.0%	2.9%	0.0%	+33.3%	3.0%	4.5%
Secondaire	1	2	3	3	15	2	3	0	2	14	45
	+33.3%	+50.0%	+50.0%	+27.3%	+31.2%	22.2%	8.8%	0.0%	+66.7%	21.2%	22.5%
Supérieur	1	1	3	8	29	7	29	16	0	50	144
	33.3%	25.0%	50.0%	+72.7%	60.4%	+77.8%	+85.3%	+100.0%	0.0%	+75.8%	72.0%
Sans instruction	0	0	0	0	1	0	1	0	0	0	2
	0.0%	0.0%	0.0%	0.0%	+2.1%	0.0%	+2.9%	0.0%	0.0%	0.0%	1.0%
Total	3	4	6	11	48	9	34	16	3	66	200
	100.0%	100.0%	100.0%	100.0%	100.0%	100.0%	100.0%	100.0%	100.0%	100.0%	100.0%

Source: Enquête de terrain, Juin 2021.

De manière significative à N'Djamena avant l'arrivée de la Covid-19, 1,5% de la population exerçait comme activité l'agriculture; 2%, l'artisanat; 3% pratiquait le métier de chauffeur; 5,5%, l'entreprenariat; 24%, le commerce; 4,5%, l'ingénierie; 17%, l'enseignement; 8%, la médecine; 1,5% faisait le ménage et enfin, 33% exerçait d'autres activités.

A N'Djamena avant l'arrivée de la Covid-19, 11,1% de ceux qui ont le niveau primaire exerçait comme activité l'agriculture; 11,1%, l'artisanat; 33,4% pratiquait le commerce; 11,1%, l'enseignement; 11,1% faisait le ménage et 22,2% exerçait d'autres activités.

Par conséquent, du côté de ceux qui ont le niveau secondaire, 2,2% exerçait comme activité l'agriculture; 4,4%, l'artisanat; 6,7% pratiquait le métier de chauffeur; 6,7%, l'entreprenariat; 4,4%, l'ingénierie; 6,7%, l'enseignement; 4,4% faisait le ménage et 31,1% exerçait d'autres activités.

Du côté de ceux qui ont le niveau supérieur, 0,7% exerçait comme activité l'agriculture; 0,7%, l'artisanat; 2,1% pratiquait le métier de chauffeur; 5,6%, l'entreprenariat; 20,1%, le commerce; 4,9%, l'ingénierie; 20,1%, l'enseignement; 11,1%, la médecine et 34,7%, quant à lui exerçait d'autres activités. Enfin, du côté de ceux qui ne sont pas instruits, 50% exerçait comme activité le commerce et 50%, l'enseignement.

Au regard de ce tableau, nous pouvons affirmer qu'il y a corrélation statistique (Khi-deux=42,064; ddl=27 et signification asymptotique=0,026) entre le niveau d'instruction et les activités exercées avant l'arrivée de la Covid-19. Il y a une relation entre les deux variables car le Khi-deux calculé (42,064) est supérieur au Khi-deux théorique lu (40,1133) au seuil α=5% et au ddl=27. Ainsi, les activités exercées par la population de N'Djamena avant la pandémie sont déterminées par son niveau d'instruction.

Tableau 18. *Profession et activités exercées avant l'arrivée de la Covid-19*

Profession		Activités avant Covid-19									Total
	Agriculture	Artisanat	Chauffeur	Entreprenariat	Commerce	Ingénerie	Enseignement	Medecine	Ménage	Autres activités	
Agriculteur	1	0	0	0	0	0	0	0	0	0	1
	+33.3%	0.0%	0.0%	0.0%	0.0%	0.0%	0.0%	0.0%	0.0%	0.0%	0.5%
Artisan	0	4	0	0	0	0	0	0	0	0	4
	0.0%	+100.0%	0.0%	0.0%	0.0%	0.0%	0.0%	0.0%	0.0%	0.0%	2.0%
Chauffeur	0	0	2	0	0	0	0	0	0	0	2
	0.0%	0.0%	+33.3%	0.0%	0.0%	0.0%	0.0%	0.0%	0.0%	0.0%	1.0%
Chef d'entreprise	0	0	0	2	2	0	0	0	0	0	4
	0.0%	0.0%	0.0%	+18.2%	+4.2%	0.0%	0.0%	0.0%	0.0%	0.0%	2.0%
Commerçant	0	0	1	0	15	0	0	0	1	1	18
	0.0%	0.0%	16.7%	0.0%	+31.2%	0.0%	0.0%	0.0%	+33.3%	1.5%	9.0%
Ingénieur	0	0	0	0	1	7	2	0	0	0	10
	0.0%	0.0%	0.0%	0.0%	2.1%	77.8%	+5.9%	0.0%	0.0%	0.0%	5.0%
Enseignant	0	0	0	1	3	0	26	0	0	3	33
	0.0%	0.0%	0.0%	9.1%	6.2%	0.0%	+76.5%	0.0%	0.0%	4.5%	16.5%
Employé	0	0	0	0	3	0	1	0	0	3	7
	0.0%	0.0%	0.0%	0.0%	+6.2%	0.0%	2.9%	0.0%	0.0%	+4.5%	3.5%
Médecin	0	0	0	0	0	0	1	10	0	1	12
	0.0%	0.0%	0.0%	0.0%	0.0%	0.0%	2.9%	+62.5%	0.0%	1.5%	6.0%
Menagère	0	0	0	0	1	0	0	0	2	0	3
	0.0%	0.0%	0.0%	0.0%	+2.1%	0.0%	0.0%	0.0%	+66.7%	0.0%	1.5%
Ouvrier	1	0	1	1	1	1	1	0	0	2	8

	+33.3%	0.0%	+16.7%	+9.1%	2.1%	+11.1%	2.9%	0.0%	0.0%	3.0%	4.0%
Retraité	0	0	0	0	0	0	0	2	0	1	3
	0.0%	0.0%	0.0%	0.0%	0.0%	0.0%	0.0%	12.5%	0.0%	1.5%	1.5%
Sans emploi	1	0	2	3	15	1	2	1	0	17	42
	+33.3%	0.0%	+33.3%	+27.3%	+31.2%	11.1%	5.9%	6.2%	0.0%	+25.8%	21.0%
Autres professions	0	0	0	4	7	0	1	3	0	38	53
	0.0%	0.0%	0.0%	+36.4%	14.6%	0.0%	2.9%	18.8%	0.0%	+57.6%	26.5%
Total	3	4	6	11	48	9	34	16	3	66	200
	100.0%	100.0%	100.0%	100.0%	100.0%	100.0%	100.0%	100.0%	100.0%	100.0%	100.0%

Source: Enquête de terrain, Juin 2021.

De manière significative à N'Djamena avant l'arrivée de la Covid-19, 1,5% de la population exerçait comme activité l'agriculture; 2% pratiquait l'artisanat; 3%, le métier de chauffeur; 5,5%, l'entreprenariat; 24%, le commerce; 4,5%, l'ingénierie; 17%, l'enseignement; 8%, la médecine; 1,5% faisait le ménage et enfin, 33% exerçait d'autres activités.

En effet, avant l'arrivée de la Covid-19, tous les agriculteurs (100%) exerçaient comme activité l'agriculture. De même, tous les artisans exerçaient comme activité, l'artisanat. Tous les chauffeurs exerçaient aussi dans leur profession. En ce qui concerne les chefs d'entreprise, 50% pratiquait l'entreprenariat et 50% exerçait comme activité, le commerce. Du côté des commerçants, 5,5% exerçait le métier de chauffeur; 83,3% faisait le commerce; 5,6% faisait le ménage et 5,6% exerçait d'autres activités.

Or, chez les ingénieurs, 10% pratiquait le commerce; 70% était ingénieur et 20% enseignait. Par conséquent, du côté des enseignants, 3,1% pratiquait l'entreprenariat; 9,1%, le commerce; 78,7%, l'enseignement et 9,1% exerçait d'autres activités. Par ailleurs, chez les employés, 42,8% pratiquait le commerce; 14,3% enseignait et 42,9% exerçait d'autres activités. Tandis que, 8,3% des médecins enseignait; 83,4% pratiquait la médecine et 8,3% exerçait d'autres activités.

Alors que, du côté des ménagères, 33,3% exerçait comme activité le commerce et 66,7% faisait le ménage. Quant aux ouvriers, 12,5% pratiquait l'agriculture; 12,5%, le métier de chauffeur; 12,5% pratiquait l'entreprenariat; 12,5%, le commerce; 12,5%, l'ingénierie; 12,5% enseignait et 25% pratiquait d'autres activités. Néanmoins, 66,7% des retraités pratiquaient la médecine et 33,3% exerçait d'autres activités.

Par contre, 2,3% de ceux qui n'avaient pas d'emplois, pratiquait l'agriculture; 4,8% exerçait le métier de chauffeur; 7,1% pratiquait l'entreprenariat; 35,7%, le commerce; 2,4%, l'ingénierie; 4,8%, l'enseignement; 2,4%, la médecine et 40,5%, d'autres activités. Enfin, pour ceux qui avaient d'autres professions, 7,5% entreprenait; 13,2% pratiquait le commerce; 1,9% enseignait; 5,7% pratiquait la médecine et 71,7% exerçait d'autres activités.

De tout ce qui précède, il ressort de ce tableau qu'il y a une forte corrélation statistique (Khi-deux=345,996; ddl=117 et signification asymptotique=0) entre la profession et les activités exercées avant l'arrivée de la pandémie. Ainsi, les activités exercées par la population de N'Djamena avant l'arrivée de la pandémie sont déterminées par sa profession.

1-2/Les stratégies de survie de la population de N'Djamena face à la crise sanitaire

La crise sanitaire de la Covid-19 a impacté le mode de vie de la population de N'Djamena et entrainé des changements, des transformations et des mutations. Ces changements, ces transformations et mutations ont poussé la population de N'Djamena, victime à mettre sur pied des stratégies pour pouvoir survivre. Ces stratégies sont: la pratique du commerce, du jardinage, du clando, la vente ambulante, la vente à domicile, la prière et bien d'autres stratégies. Les stratégies de survie sont ainsi déterminées par le statut matrimonial et la profession.

Graphique 15. Stratégies de survie de la population pendant la Covid-19

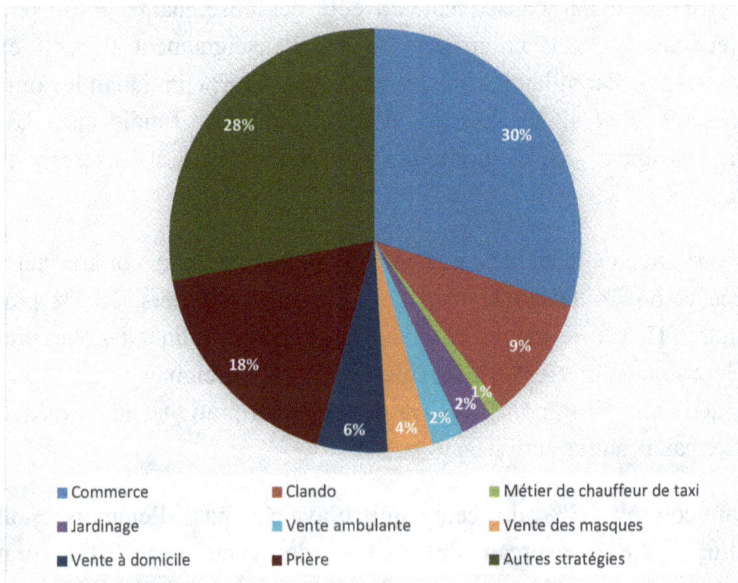

Source: Enquête de terrain, Juin 2021.

De manière significative à N'Djamena pendant cette crise sanitaire de la Covid-19, comme stratégies de survie, 30% de la population pratique le commerce; 9%, le clando ou la mototaxi; 1% est devenu chauffeur de taxi; 2% pratique le jardinage; 2% fait la vente ambulante; 4% vend des masques; 6% vend à domicile; 18% pratique la prière et 28% développe d'autres stratégies afin de se mettre à l'abri de la crise.

Ainsi, en comparant les graphiques 14 (activités exercées par la population de N'Djamena avant la Covid-19 et 15 (stratégies de survie de la population de N'Djamena pendant la crise sanitaire de la Covid-19), il en ressort qu'il y a une augmentation du nombre de ceux qui pratiquent le commerce. De 24%, le pourcentage des commerçants avant la Covid-19, on est passé à 30% pendant la crise sanitaire de la Covid-19. De plus, on assiste à une reconversion de la population dans d'autres activités voire profession. Cette reconversion se traduit ici par la pratique des activités à savoir: le clando ou la mototaxi, le métier de chauffeur de taxi, le jardinage, la vente ambulante, la vente à domicile et bien d'autres activités. En plus de ces activités qui sont des stratégies de survie en ce temps de crise, la population de N'Djamena a trouvé en la prière un moyen très efficace pour assurer sa survie

Tableau 19. *Stratégies de survie de la population selon le statut matrimonial*

Statut Matrimonial	Stratégies de survie de la population de N'Djamena								Total
	Commerce	Clando	Chauffeur de taxi	Jardinage	Vente ambulante	Vente à domicile	Prière	Autres Stratégies	
Célibataire	30	7	0	3	11	3	17	21	92
	+50.0%	36.8%	0.0%	+60.0%	+91.7%	27.3%	+47.2%	38.2%	46.0%
Marié(e)	24	12	0	2	1	5	16	31	91
	40.0%	+63.2%	0.0%	40.0%	8.3%	45.5%	44.4%	+56.4%	45.5%
Divorcé(e)	3	0	2	0	0	1	2	3	11
	5.0%	0.0%	+100.0%	0.0%	0.0%	+9.1%	+5.6%	5.5%	5.5%
Veuf (ve)	3	0	0	0	0	2	1	0	6
	+5.0%	0.0%	0.0%	0.0%	0.0%	+18.2%	2.8%	0.0%	3.0%
Total	60	19	2	5	12	11	36	55	200
	100.0%	100.0%	100.0%	100.0%	100.0%	100.0%	100.0%	100.0%	100.0%

Source: Enquête de terrain, Juin 2021.

De manière significative à N'Djamena pour survivre pendant cette crise sanitaire de la Covid-19, 30% de la population pratique le commerce; 9,5%, le clando ou la mototaxi; 1% est devenu chauffeur de taxi; 2,5% pratique le jardinage; 6% est devenu vendeur ambulant; 5,5% vend à domicile; 18% trouve en la prière une stratégie de survie et enfin, 27,5% met sur pied d'autres stratégies pour se mettre à l'abri de la crise.

En effet, 32,6% des célibataires pratique le commerce; 7,6 %, le clando; 3,3%, le jardinage; 11,9% est devenu vendeur ambulant; 3,3% vend à domicile; 18,5% prie et 22,8% met en œuvre d'autres stratégies pour pouvoir survivre.

Quant aux mariés, 26,4% pratique le commerce; 13,2%, le clando; 2,2%, le jardinage; 1,1% est devenu vendeur ambulant; 5,5% vend à domicile; 17,5% utilise la prière comme stratégie de survie et 34,1% a mis sur pied d'autres stratégies de survie. En ce qui concerne les divorcés, 27,3% pratique le commerce; 18,2% est devenu chauffeur de taxi; 9,1% vend à domicile; 18,2% prie pour survivre et enfin 27,2% met sur pied d'autres stratégies pour sa survie. Par conséquent, du côté des veufs, 50% pratique le commerce; 33,3% vend à domicile et 16,7% développe d'autres stratégies pour sa survie.

De tout ce qui précède, il ressort de ce tableau qu'il y a une très forte corrélation statistique (Khi-deux=43,085; ddl=21 et signification asymptotique=0) entre le statut matrimonial et les stratégies de survie de la population de N'Djamena. De ce fait, il existe une relation entre les deux variables car le Khi-deux calculé (43,490) est supérieur au Khi-deux théorique lu (40,1133) au seuil α=5% et au ddl=27. Ainsi, les stratégies de survie de la population de N'Djamena sont déterminées par son statut matrimonial.

Tableau 20. Stratégies de survie de la population selon la profession

Profession	Stratégies de survie de la population de N'Djamena								Total
	Commerce	Clando	Chauffeur de taxi	Jardinage	Vente ambulante	Vente à domicile	Prière	Autres stratégies	
Agriculteur	1	0	0	0	0	0	0	0	1
	+1.7%	0.0%	0.0%	0.0%	0.0%	0.0%	0.0%	0.0%	0.5%
Artisan	2	0	0	1	0	0	0	1	4
	+3.3%	0.0%	0.0%	+20.0%	0.0%	0.0%	0.0%	1.8%	2.0%
Chauffeur	0	0	0	0	0	0	0	2	2
	0.0%	0.0%	0.0%	0.0%	0.0%	0.0%	0.0%	+3.6%	1.0%
Chef d'entreprise	0	0	0	0	2	0	0	2	4
	0.0%	0.0%	0.0%	0.0%	16.7%	0.0%	0.0%	+3.6%	2.0%
Commerçant	12	0	1	1	0	1	0	3	18
	+20.0%	0.0%	+50.0%	+20.0%	0.0%	+9.1%	0.0%	5.5%	9.0%
Ingénieur	3	1	0	1	0	2	0	3	10
	5.0%	+5.3%	0.0%	+20.0%	0.0%	+18.2%	0.0%	+5.5%	5.0%
Enseignant	7	2	0	0	0	3	12	9	33
	11.7%	10.5%	0.0%	0.0%	0.0%	+27.3%	+33.3%	16.4%	16.5%
Employé	2	0	0	0	0	0	1	4	7
	3.3%	0.0%	0.0%	0.0%	0.0%	0.0%	2.8%	+7.3%	3.5%
Médecin	3	1	0	1	0	0	2	5	12
	5.0%	5.3%	0.0%	+20.0%	0.0%	0.0%	5.6%	+9.1%	6.0%
Menagère	0	0	0	0	0	1	1	1	3
	0.0%	0.0%	0.0%	0.0%	0.0%	+9.1%	+2.8%	+1.8%	1.5%
Ouvrier	3	3	1	0	0	0	0	1	8
	+5.0%	+15.8%	+50.0%	0.0%	0.0%	0.0%	0.0%	1.8%	4.0%

									Total
Retraité	0 0.0%	0 0.0%	0 0.0%	0 0.0%	0 0.0%	0 0.0%	1 +2.8%	2 +3.6%	3 1.5%
Sans-emploi	14 +23.3%	7 +36.8%	0 0.0%	1 +20.0%	5 +41.7%	2 18.2%	7 19.4%	6 10.9%	42 21.0%
Autres professions	13 21.7%	5 26.3%	0 0.0%	0 0.0%	5 +41.7%	2 18.2%	12 +33.3%	16 +29.1%	53 26.5%
Total	60 100.0%	19 100.0%	2 100.0%	5 100.0%	12 100.0%	11 100.0%	36 100.0%	55 100.0%	200 100.0%

Source: Enquête de terrain, Juin 2021.

De manière significative à N'Djamena pour survivre pendant cette crise sanitaire de la Covid-19, 30% de la population pratique le commerce; 9,5%, le clando ou la mototaxi; 1% est devenu chauffeur de taxi; 2,5% pratique le jardinage; 6% est vendeur ambulant; 5,5% vend à domicile; 18% prie et enfin, 27,5% met en place d'autres stratégies pour se mettre à l'abri de la crise.

En effet, à N'Djamena, les agriculteurs (100%) pratiquent le commerce pour se mettre à l'abri de la crise. En ce qui concerne les artisans, 50% pratique le commerce; 25%, le jardinage et 25% met en place d'autres stratégies pour survivre face à la crise. Nous pouvons affirmer à ce niveau que les artisans se sont reconvertis dans d'autres activités qui ne relèvent pas de leur profession afin de se mettre à l'abri de la crise.

Par conséquent, tous (100%) les chauffeurs ont développé d'autres stratégies pour se mettre à l'abri de la crise. Par ailleurs, 50% des chefs d'entreprise est devenu vendeur ambulant et 50% fait recours à d'autres stratégies pour pouvoir survivre. De même que les artisans, les chefs d'entreprise se sont reconvertis dans d'autres activités pour survivre durant cette crise.

Tandis que du côté des commerçants, 66,7% pratique le commerce pour survivre; 5,5% est devenu chauffeur de taxi; 5,5% pratique le jardinage; 5,6% vend à domicile et 16,7% quant à lui, met sur pied d'autres stratégies de survie. Du côté des ingénieurs, 30% pratique le commerce pour survivre; 10%, le clando; 10%, le jardinage; 20% vend à domicile et 30% fait recours à d'autres stratégies de survie.

Or, chez les enseignants, 21,2% pratique le commerce; 6,1%, le clando; 9,1% vend à domicile; 36,3% prie et 27,3% développe d'autres stratégies afin de survivre. Par contre, 28,6% des employés pratique le commerce contre 14,3%, qui prie et 57,1% qui utilise d'autres stratégies pour s'y mettre à l'abri. Néanmoins, du côté des médecins, 25% pratique le commerce comme stratégie de survie; 8,3%, le clando; 8,3%, le jardinage; 16,7% prie et 41,7% fait recours à d'autres stratégies pour se maintenir en vie durant la crise. On assiste également à une reconversion des médecins dans d'autres activités pendant la crise.

Du côté des ménagères, 33,3% vend à domicile pour survivre; 33,3% prie et 33,4% met sur pied d'autres stratégies de survie. Alors que chez les ouvriers, 37,5% pratique le commerce; 37,5%, le clando; 12,5% est devenu chauffeur de taxi et 12,5% développe d'autres stratégies pour se mettre à l'abri de la crise. Ainsi, les ouvriers se sont aussi reconvertis dans d'autres métiers qui ne relevaient pas de leur profession afin de survivre. Par contre, du côté des retraités, 33,3% trouve en la prière une stratégie de survie et 66,7% met sur pied d'autres stratégies pour faire face à la crise.

Par conséquent, du côté de ceux qui sont sans-emplois, 33,3% pratique le commerce; 16,7%, le clando; 2,4%, le jardinage; 11,9% est devenu vendeur ambulant; 4,8% vend à domicile; 16,7% prie et 14,2% fait recours à d'autres stratégies pour survivre. Enfin, 24,5% de ceux qui ont d'autres professions pratique le commerce; 9,4%, le clando; 9,4% est devenu vendeur ambulant; 3,8% vend à domicile; 22,7% prie et 30,2% développe d'autres stratégies pour survivre.

Au regard, ce tableau nous montre qu'il y a une corrélation statistique (Khi-deux=124, 420; ddl=91 et signification asymptotique=0,011) entre la profession et les stratégies de survie de la population de N'Djamena contre la crise sanitaire de la Covid-19. Ainsi, la population de N'Djamena s'est reconvertie dans d'autres activités et a trouvé en la prière un moyen de survie face à la crise.

1-3/Apport de l'argent gagné de la pratique des activités.

Les stratégies mises sur pied ont été efficaces pour la population de N'Djamena dont le mode de vie quotidienne est bouleversé. Cette efficacité résulte de la satisfaction que ces activités lui procurent pendant cette situation où « *les temps sont ndjindja* » (Ela, 1998). Cette satisfaction se traduit par le fait qu'elles lui permettent de payer la nourriture, le loyer, la facture, de prendre soin de sa santé et bien d'autres besoins essentiels pour sa survie.

Graphique 16. Apport de l'argent gagné de la pratique des activités

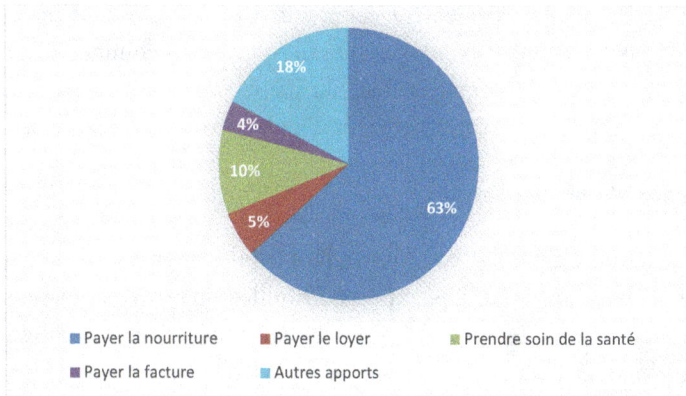

Source: Enquête de terrain, Juin 2021.

Ce graphique nous montre qu'à N'Djamena, 63% de la population utilise l'argent gagné de la pratique des activités pour se nourrir; 5% l'utilise pour payer le loyer; 10%, pour prendre soin de sa santé; 4% l'utilise pour payer sa facture et 18% l'utilise pour satisfaire d'autres besoins.

V-2/ANALYSE DES DONNEES QUALITATIVES

Cette partie de notre travail, nous permettra d'analyser nos données qualitatives collectées à N'Djamena sur les stratégies de survie de la population de N'Djamena face à la crise sanitaire de la Covid-19 à l'aide de nos entretiens semi-directifs.

En effet, les mesures barrières érigées pour contenir la propagation de la pandémie a créé des bouleversements, des mutations, des changements dans la ville de N'Djamena. Ces bouleversements, mutations et ces changements se traduisent par le chômage ou la réduction du nombre de personnels dans les entreprises, la réduction ou diminution de revenu et recettes, etc. Ainsi, face à cette situation, ce désordre, la population de N'Djamena n'est pas restée passive. Elle a mis sur pied des stratégies qui, lui ont permis de se mettre à l'abri de la crise et donc de survivre. Ce qui confirme que « *Chaque peuple, chaque culture trouve des réponses aux problèmes que lui posent la nature et la vie en société* » (Assogba, 2004). Ainsi, la population de N'Djamena fait montre d'un esprit de débrouillardise, de créativité, d'entreprenariat face aux pertes d'emplois, à la diminution de revenu, aux problèmes de transport auxquels elle est confrontée pour sa survie.

Les stratégies de survie de la population, nées dans ce contexte de crise non seulement sanitaire mais également économique et sociale sont entre autre la réduction du niveau de vie, la vente des masques, les petits commerces à domicile, la pratique du métier de gérant de bar, du métier de pharmacien de la rue, la pratique du jardin, du métier de menuisier, du clando ou mototaxi, etc.

2-1/Reduction du niveau de vie

En ce temps où tout est compliqué, où la vie est difficile, il est question de gérer pour pouvoir survivre. Les expressions telles que « serrer la ceinture », « c'est la gestion », « les temps sont durs » deviennent le langage quotidien de la population de N'Djamena. Dans cette logique créée par la crise sanitaire, la population de N'Djamena donne la priorité aux besoins les plus urgents du moment. L'heure n'est plus aux gaspillages ni aux qualités mais plutôt à la gestion et à prendre que ce qui est essentiel. C'est pourquoi, ceux qui autrefois prenaient trois repas par jour, l'ont réduit à deux et ceux qui mangeaient deux fois par jour, l'ont réduit à une fois. Certains ne se soucient plus de ce qu'ils vont manger, ils ne mangent que lorsqu'ils trouvent de quoi « mettre sous les dents ». Ce qui résume ces propos: « *Depuis que la Covid-19 est venue, chez moi, on ne gaspille plus les choses, on gère. Les temps sont devenus durs donc, on mange deux fois par jour au lieu de trois. On paye que ce qui est nécessaire. On ne cherche plus la qualité du repas, on mange ce qu'on trouve* » (entretien réalisé le 25/06/2021, dans le 7e arrondissement de N'Djamena).

2-2/La vente des masques

L'arrivée de la Covid-19 a fait naitre un nouveau type d'activité, la vente des masques. En effet, à N'Djamena depuis la découverte du premier cas testé positif à la Covid-19, le port de masque est devenu obligatoire et donc une nécessité. A cet effet, la population de N'Djamena a trouvé en cela un moyen de se faire de l'argent, une source de revenu. C'est dans ce contexte que cette activité a pris de l'ampleur. Enfants, jeunes, adultes et vieux se sont lancés dans la confection et la vente des masques. Tout ceci résume les propos suivants:

> Depuis que la pandémie est arrivée, il n'y a plus les tchouk-tchouk[20], il est difficile de trouver de l'argent. Et puisque le port de masque est devenu obligatoire et il y a manque, j'ai eu l'idée de confectionner des masques pour pouvoir vendre. Et depuis que je me suis lancé dans ça, j'ai de quoi subvenir aux petits besoins de ma famille (entretien réalisé le 25/06/2021 dans le 6e arrondissement de N'Djamena).

Ainsi, la vente des masques est non seulement une source de revenu mais également un moyen de sensibilisation, un moyen de prévention et un moyen par lequel, on reconnait l'existence de la pandémie à N'Djamena.

2-3/ Les petits commerces à domicile

L'on entend par petits commerces, les petites activités menées au quotidien par une catégorie de personnes dans le but d'acquérir un revenu lui permettant de subvenir aux besoins et donc de subsister. Cette activité est exercée pour la plupart du temps par une catégorie spécifique, celle qui n'a pas une activité professionnelle. Mais compte tenu de la situation qui prévaut, la population s'est adonnée à cette pratique. Ils deviennent de ce fait, un moyen de survie face aux exigences créées par la crise.

---

[20] Tchouk-tchouk: terme utilisé pour parler des petites activités, des bricolages.

Figure 3. Petit commerce à la maison d'une femme commerçante dans le 7e arrondissement de N'Djamena.

Figure 3. Petit commerce à la maison d'une femme commerçante dans le 7e arrondissement de N'Djamena.

<u>Source</u>: *Montanan Yan Djimaltan, photographie du 22 juin 2021.*

Cette photographie nous présente les marchandises d'une femme commerçante qui, avant la crise faisait le commerce des pagnes. Mais avec la fermeture des frontières, cette dernière ne peut plus continuer à exercer cette activité. Alors, elle s'est lancée dans la vente des produits alimentaires à savoir: le piment, oseille, néré, pâte d'arachides, oseille rouge, maggi, gombo séché, poisson, etc. Ces marchandises lui permettent d'accumuler de revenu, de faire des recettes. Lesquelles recettes lui permettent de subvenir aux besoins de la famille et surtout de se mettre à l'abri des effets de la crise. Ceci résume les propos suivants:

> Ma fille, ce que tu vois sur cette table, ce sont les marchandises que j'ai commencé à vendre récemment avec l'arrivée de la Covid-19. Avant, j'achète les étoffes ici pour aller vendre au village, ça me rapporte beaucoup. Mais avec la fermeture des frontières, c'est devenu compliqué avec l'augmentation du prix des étoffes. Et cette activité que j'exerce maintenant me rapporte de l'argent. Ce qui me permet de m'occuper de mes enfants et de subvenir à nos besoins (entretien réalisé le 24/06/2021, dans le 7e arrondissent de N'Djamena).

2-4/Le métier de gérant de bar

Le métier de gérant de bar consiste à gérer ou administrer un bar pour le compte d'un particulier ou d'une entreprise. Il consiste à travailler dans cette entité qu'est le bar, à réceptionner les clients et noter la commande pour pouvoir les servir. Cette activité est exercée par une personne n'ayant pas une activité professionnelle.

En effet, à l'heure où les choses sont devenues compliquées, où la crise n'épargne personne, il faut réfléchir à une nouvelle alternative, à quelque chose qui permettrait de survivre ou du moins se mettre à l'abri des effets de la crise. C'est dans cette optique que certains qui travaillaient comme contractuels, employés, ingénieurs pour ne citer que ceux-là se retrouvent au chômage alors qu'ils ont leur famille à prendre en charge. A cet effet, l'ouverture et la gestion du bar deviennent une réponse, une solution aux effets de la crise. On assiste à la reconversion de la population de N'Djamena à d'autres métiers. Cette reconversion prouve à suffisance que la population de N'Djamena ne se laisse pas faire face à une situation telle que celle créée par la crise sanitaire de la Covid-19.

Figure 4. Un bar géré par un contractuel d'une ONG dans le 7ᵉ arrondissement.

Source: *Montanan Yan Djimaltan, photographie du 23 juin 2021.*

Figure 5. Le bar-restaurant d'un marqueteur en logistique, transport-transit en chômage dans le 7ᵉ arrondissement de N'Djamena.

<u>Source</u>: *Montanan Yan Djimaltan, photographie du 21 juin 2021.*

Ces photos illustrent la pratique du métier de gérant par la population pour surmonter les effets de la Covid-19. Dans la première photo (figure 4), il s'agit d'un bar géré par un animateur de groupe, contractuel dans une Organisation Non Gouvernementale (ONG) de la place qui, à cause de la Covid-19 s'est retrouvé sans travail, au chômage. Le recours à cette activité lui permet de prendre en charge sa famille. Ce qui explique ces propos:

> La covid-19 a fait que dans l'ONG où je travaillais, ils ont diminué le nombre du personnel. C'est comme ça que je me retrouve sans travail. Alors je suis devenu gérant de ce bar que tu vois là. C'est ce travail que je suis en train d'exercer qui nous permet de manger. Ce travail ne m'aide pas comme le premier mais au moins ça me permet de survivre (entretien réalisé le 23/06/2021, dans le 7ᵉ Arrondissement de N'Djamena).

Ce temps difficile a fait comprendre à la population qu'il n'y a pas de sot métier et que devant une situation telle que celle qui se vit aujourd'hui, l'important c'est de trouver une activité qui permettrait de subvenir aux besoins. Dans la deuxième photo (figure 5), il s'agit d'un bar-restaurant nommée: « Imagine.Com, All in one » d'un marqueteur de formation en logistique, transport-transit. C'est après avoir perdu son travail suite à la Covid-19 que ce dernier a créé cette entreprise pour pouvoir subvenir à ses besoins et ceux de sa famille. C'est dans ce sens qu'il affirme que:

> Je travaillais dans une entreprise de transport-transit. Avec l'arrivée de la Covid-19, l'entreprise s'est déclarée en faillite et donc on s'est retrouvé en chômage. Alors j'ai été créatif, j'ai laissé le bon sens me guider. Et voilà, j'ai ouvert ce petit bar où j'exerce mon petit commerce. L'activité d'avant la crise m'aide mieux que celle-là, mais au

moins cette nouvelle activité nous permet moi et ma famille de survivre donc c'est l'essentiel (entretien réalisé le 21 juin 2021, dans le 7ᵉ arrondissement de N'Djamena).

Nous comprenons que la crise sanitaire de la Covid-19 a développé chez la population de N'Djamena, un esprit d'imagination, de créativité et d'innovation. Elle est un facteur de changement, d'imagination, de créativité et surtout d'innovation.

2-5/La pratique du jardin

Par pratique du jardin, l'on entend la culture des légumes, fruits et condiments d'assaisonnement destiné parfois à la vente et à la consommation personnelle. De ce fait, la population de N'Djamena s'est investie dans cette activité afin d'avoir en permanence à sa disposition des produits maraîchers et un peu de revenu de la vente de ces produits qui, lui permettent de subvenir aux besoins essentiels. Pratiquée par la population de la ville de N'Djamena sans distinction de sexe, le jardinage est devenu une stratégie de survie contre la crise.

Figure 6. Pratique du jardin à domicile d'un logisticien en transport dans le 8ᵉ arrondissement.

Source: Montanan Yan Djimaltan, photographie du 21 juin 2021.

La figure 5 nous montre un logisticien en transport qui s'est retrouvé converti en jardinier. La pratique de cette activité lui permet de s'ajuster à cette nouvelle mode de vie créée par la crise où il faut s'adapter pour survivre. Ainsi, cette activité lui permet non seulement d'avoir un revenu mais également d'économiser sur le plan de la ration (alimentaire). A lui de souligner:

Cette activité que je mène actuellement m'aide beaucoup. Elle permet à notre famille de se nourrir, ce qui me permet de diminuer l'argent de la ration puisque tous les légumes, les condiments sont là et aussi me permet de gagner un peu d'argent en les vendant. C'est avec ça que je m'ensors depuis que Covid m'a fait perdre mon travail » (entretien réalisé le 21/06/2021) dans le 8e arrondissement de N'Djamena).

Cette activité est ainsi considérée comme étant très rentable par la population de la ville de N'Djamena, pour qui la vie est devenue « gassi[21] » depuis l'arrivée de la pandémie et la crise qui a suivi. Elle est donc une stratégie de survie pour la population.

2-6/Metier de pharmacien de la rue

Par pharmacien de la rue, l'on entend les vendeurs de médicaments dans les rues de N'Djamena. Au Tchad et particulièrement à N'Djamena, on appelle ceux qui exercent dans ce métier, docteurs « tchoukous[22] ». En effet, à cette heure où la pandémie bat son plein, la population refuse de se rendre à l'hôpital par peur d'être contaminé. De plus, face à cette situation difficile où il y a perte d'emploi, manque d'argent, la population de N'Djamena préfère rester à la maison et se procurer les médicaments moins chers chez ces pharmaciens même si, ceux-ci ne conservent pas leur produit comme l'exigent les normes. C'est ainsi que certains ont vu en ce métier un moyen de survie en ce temps où le chômage bat son plein. De ce fait, même ceux qui n'ont jamais pratiqué ce métier, s'y sont lancés.

Figure 7. Caisse à médicaments d'une sage-femme dans le 7e arrondissement de N'Djamena

<u>Source</u>: *Montanan Yan Djimaltan, photographie du 24 juin 2021.*

---

[21] Gassi signifie dans ce contexte difficile, compliquée. Ainsi, pour la population de N'Djamena, la crise a rendu la vie difficile, compliquée.
[22] Docteur tchoukou est le nom attribué à ceux qui vendent les médicaments au bord des rues ou dans trottoirs

Cette photo nous présente la caisse à médicaments d'une sage-femme, qui avant l'arrivée de la Covid-19 faisait des stages à l'hôpital mais avec l'arrivée de la pandémie, elle s'est retrouvée à la maison. Ainsi, pour pouvoir subvenir aux besoins de sa famille et à ses propres besoins, elle est obligée de vendre des médicaments. C'est ce qui explique ces propos: « *Je fais le stage à l'hôpital comme sage-femme mais depuis que la Covid est venue, je suis à la maison. Et pour pouvoir avoir un peu d'argent, j'ai moi-même entrepris quelque chose que je me débrouille avec. J'ai ouvert une petite pharmacie qui me permet de survivre avec mes enfants.* » (Entretien réalisé dans le 7e arrondissement de N'Djamena). Ces propos nous font comprendre que la population de N'Djamena face à cette situation entreprend et se débrouille pour survivre.

2-7/La pratique de la menuiserie

L'on entend par pratique de la menuiserie, le fait de réaliser des œuvres en bois pour le bâtiment bref c'est l'art de manier le bois avec aisance. En effet, la menuiserie est devenue un moyen de survie, un moyen qui permet à la population de la ville de N'Djamena de se mettre à l'abri de la crise qui ne cesse de provoquer des changements et des mutations. L'on comprend que la population se fraie un chemin dans un domaine qui n'est pas le sien, qui ne relève pas de sa spécialité. Mais tout ce qui la préoccupe c'est se débrouiller et cet esprit de débrouillardise l'amène à se reconvertir dans d'autres activités.

Figure 8. Atelier de menuiserie d'un ingénieur en génie civil dans le 7e arrondissement de N'Djamena.

<u>Source</u>: *Montanan Yan Djimaltan, photographie du 22 juin 2021.*

La photo ci-haut nous présente l'atelier de menuiserie d'un ingénieur en génie civil. Il fut conducteur de travaux dans un chantier mais à cause de la Covid-19, il n'exerce plus dans cette activité. Ainsi, compte tenu des déséquilibres causés par la crise, celui-ci s'est reconverti dans la menuiserie. Ce qui explique ces propos: « *Je suis ingénieur en génie civil/bâtiment, compte tenu de la situation, je gère actuellement un atelier de menuiserie, j'exerce la menuiserie* » (entretien réalisé le 22 juin 2021, dans le 7ᵉ arrondissement).

2-8/La pratique du clando ou mototaxi

La pratique du clando ou de la mototaxi est une activité qui existe depuis des années au Tchad et particulièrement à N'Djamena. Mais compte tenu de la situation actuelle, elle a pris de l'ampleur. En effet, ceux qui disposent des engins (motos) ont transformé leur engin en clando pour pouvoir gagner de quoi subsister. Selon ces derniers, la pratique de cette activité leur permet d'être à l'aise et surtout de subvenir à leurs besoins fondamentaux.

Figure 9. Ingénieur en conception au mini raffinerie de Djarmaya faisant du clando dans le 7ᵉ arrondissement de N'Djamena.

Source: Montanan Yan Djimaltan, photographie du 29 juin 2021.

Cette photo nous montre un ingénieur en conception qui travaillait au mini raffinerie de Djarmaya mais à cause de la pandémie, il s'est retrouvé au chômage technique. Alors pour pouvoir subsister, il a transformé sa moto en clando. Ce qui lui permet de gagner de quoi survivre en attendant que la situation s'améliore. A lui d'affirmer que:

> La Covid-19 a joué sur la société dans laquelle j'exerce. Elle a fait que jusqu'à présent, je suis en chômage technique. Avant la Covid, je suis un ingénieur en conception au mini raffinerie de Djarmaya, puis à la société Nationale d'Electricité et avec la Covid, on nous a mis en chômage et pour survivre, je fais le clando comme activité (entretien réalisé le 29/06/2021 dans le 7e arrondissement de N'Djamena).

Ainsi, la pratique du clando comme activité devient une stratégie de survie face à cette situation qui se manifeste avec acuité.

Au terme de chapitre, la crise sanitaire de la Covid-19 a eu un effet délétère sur le mode de vie de la population de la ville de N'Djamena. Mais face à cette situation difficile, à ce temps dur, la population ne s'est pas laissée faire. Au contraire, elle a développé une incroyable capacité de résistance, de créativité, d'entreprenariat et d'innovation. Ceci se traduit par des stratégies, des activités qui lui ont permis et lui permettent jusqu'aujourd'hui de survivre. Ces stratégies consistent en la réduction de son niveau de vie, la vente des masques, la pratique du petit commerce, du métier de gérant de bar, à l'ouverture d'un bar, à la pratique du jardinage, du métier de menuiserie, de pharmacien de la rue, à la pratique du clando bref à la reconversion dans d'autres métiers. En effet, l'on comprend que la population se fraie un chemin dans un domaine qui n'est pas le sien, qui ne relève pas de sa spécialité ou de sa spécialisation. Mais tout ce qui la préoccupe c'est la « débrouille » et cet esprit de débrouillardise l'amène à se reconvertir dans d'autres métiers. Cette reconversion se traduit par la pratique de nouvelles activités à savoir: le clando ou la mototaxi, la transformation de la voiture personnelle en taxi, le jardinage, la vente des masques, la vente à domicile et bien d'autres activités. En plus de ces activités qui lui permettent d'assurer sa survie en ce temps de crise, la population de N'Djamena a trouvé en la prière un moyen très efficace pour assurer sa survie car dit-elle: « *C'est seule Dieu qui peut nous sortir de cette situation difficile, c'est lui seul qui peut nous protéger de cette terrible maladie* » (entretien réalisé le 24/06/2021 dans le 3e arrondissement de N'Djamena). Lesquelles stratégies sont efficaces et lui permettent de subvenir aux besoins de l'heure.

CHAPITRE VI

PERSPECTIVE D'ANALYSE

Ce chapitre qui clôture notre travail consistera à montrer l'implication des théories utilisées, à confronter la littérature faite au départ grâce à la recherche documentaire avec nos données de terrain, de dire si nos hypothèses sont validées ou invalidées, de montrer les points de convergence, de divergence et enfin, de montrer les nouveaux éléments trouvés sur le terrain.

VI-1/IMPLICATION THEORIQUE

Dans le cadre de ce travail, nous avons eu à recourir à trois théories explicatives. Il s'agit de la sociologie dynamique de Georges Balandier, de l'analyse stratégique de Michel Crozier et de Erhard Friedberg et enfin, l'ethnométhodologie de Harold Garfinkel.

1-1/Sociologie dynamique

La théorie dynamique de Balandier est la première théorie qui nous a aidé à la compréhension des facteurs externes (ce que Balandier appelle « dynamique du dehors ») et les facteurs internes (« dynamique du dedans ») de la pandémie et des changements, des transformations et des mutations qui se sont opérées dans la ville de N'Djamena. En confrontant cette théorie avec les résultats de terrain, il ressort qu'il y a bel et bien des facteurs externes et internes qui expliquent la cause de la pandémie de la Covid-19 et de la crise qui a suivi.

En effet, par facteurs externes, l'on entend ici les dynamiques du dehors, ce qui vient de l'extérieur. Ainsi la pandémie de la Covid-19 nous vient de la Chine et plus précisément de Wuhan pour s'imposer à nous comme un fait social total. D'origine animale (l'hypothèse d'une zoonose a été émise), la maladie à coronavirus s'est propagée sous l'effet de la mondialisation et l'interconnectivité des pays les uns avec les autres (faisant du monde un village planétaire) pour arriver au Tchad en général et à N'Djamena en particulier. Les facteurs internes ici, sont les mesures prises par l'État dans le but de contenir la propagation de la pandémie. Lesquelles mesures ont entraîné des changements, des transformations, des mutations à savoir des changements de mode d'alimentation, de comportements chez les enfants et jeunes, la réduction du niveau de vie, la diminution de revenu, le chômage, l'augmentation du prix des produits alimentaires, la perte de travail, des changements dans les rapports sociaux, etc.

Ces changements, transformations, mutations et ces bouleversements ont suscité chez la population de la ville de N'Djamena un esprit de créativité, d'innovation. Et c'est de là que nait le développement car une société sans conflit est une société morte, une société appelée à disparaitre.

Ainsi, ce sont les crises, les conflits qui engendrent l'évolution d'un pays et plus tard enclencheront son processus de développement. Ce qui nous amène à confirmer avec Balandier qu'il n'y a pas de société amorphe, statique car toutes les sociétés sont dynamiques.

1-2/Analyse stratégique

La deuxième théorie utilisée dans notre travail est l'analyse stratégique de Crozier. Cette théorie nous a aidé à la compréhension des stratégies que la population de N'Djamena a développé pour contourner les mesures prises (le port obligatoire de masque, le lavage des mains à l'eau et du savon ou avec le gel hydroalcoolique, le confinement, le couvre-feu, la fermeture des frontières, la quarantaine, la distanciation physique, etc.) par l'État dans le but de contenir la propagation de la pandémie.

En effet, les données de terrain confirment qu'effectivement pour la population de N'Djamena, les mesures prises par l'État sont « un système d'actions concret » et la ville de N'Djamena comme un espace de multiples jeux stratégiques où la population développe des stratégies en fonction de son intérêt en jeu. Ces mesures barrières ont ainsi des « zones d'incertitudes » que la population a transformées en marge de liberté pour atteindre son propre objectif. Pour cette population, en plus des contraintes qu'elles exercent, ces mesures sont anormales et ne prennent pas en compte les réalités de la ville de N'Djamena même si elles empêchent la propagation de la pandémie. De ce fait, pour assurer sa vie, il est question pour elle de développer des stratégies. Ce qui nous amène à confirmer davantage avec Crozier et Friedberg que la population n'est pas totalement déterminée ni déterminable, contrainte par les règles (mesures barrières) qui régissent la société tchadienne en ce temps de crise car compte tenu de sa capacité physique et intellectuelle, elle s'approprie les mesures barrières érigées et met sur pied des stratégies de survie qui se résume au non-respect de ces mesures. Lesquelles stratégies lui permettent de contourner ces mesures et d'exercer à plein temps des activités qui, lui permettent de subvenir à ses besoins et donc de se mettre à l'abri de la crise qui prévaut.

Ainsi, face à ces mesures, ce n'est pas toute la population qui n'apprécie pas les mesures, ne s'y adhère pas. Il y a une partie qui apprécie et ne trouve pas en elles des contraintes et une autre qui ne les apprécie pas. Il résulte de cette non-appréciation, des stratégies de contournement qui, sont développées dans le but d'assurer la survie.

1-3/Ethnométhodologie

La dernière théorie utilisée dans le cadre de ce travail est l'ethnométhodologie de Garfinkel. L'ethnométhodologie est cette théorie qui a servi à la compréhension des réponses endogènes à la crise, des ethnométhodes, des activités exercées au quotidien par la population de N'Djamena pour sa survie en ce temps de crise.

En effet, les résultats de terrain confirment que face à cette crise qui prévaut dans la ville de N'Djamena, il y a bel et bien eu des réponses endogènes, des stratégies de survie. Ce qui nous amène à davantage confirmer avec Garfinkel que dans une société, les individus ne sont pas des idiots culturels mais des acteurs rationnels. C'est cette rationalité qui a amené la population de N'Djamena à mettre sur pied des stratégies de survie qui, se traduisent par les activités que la population de la ville de N'Djamena pratique au quotidien pour pouvoir subvenir à ses besoins essentiels en ce temps de crise.

Ainsi, face à la crise, la population n'est pas restée passive. Au contraire, elle en a apporté des réponses. La pratique des petits commerces, la réduction de son niveau de vie, la pratique du jardinage, du clando, du métier de gérant de bar, de la menuiserie, la vente de masques, la vente à domicile, le métier de chauffeur de taxi pour ne citer que celles-là, sont des réponses apportées par la population de N'Djamena pour faire face à la crise sanitaire de la Covid-19.

VI-2/CONFRONTATION ENTRE LITTERATURE ET DONNEES DE TERRAIN

L'étude que nous avons menée avait pour objectif principal d'expliquer la manière dont la population de N'Djamena fait face à la crise sanitaire de la Covid-19 pour sa survie. Lequel objectif découle de l'hypothèse principale selon laquelle la population de N'Djamena fait face à la crise sanitaire de la Covid-19 en mettant sur pied des stratégies de survie.

De cette hypothèse principale découle trois hypothèses spécifiques à savoir:

- La crise sanitaire de la Covid-19 a impacté le mode de vie de la population de N'Djamena en affectant sa santé, en changeant son mode d'alimentation, ses rapports sociaux, affectant l'éducation des enfants et jeunes, etc.
- La population de N'Djamena adhère aux mesures prises par l'État pour contenir la propagation de la pandémie.
- La pratique des petits commerces, du clando, du jardinage, le préceptorat sont entre autre des stratégies mises en œuvre par la population de N'Djamena pour faire face à la crise sanitaire de la Covid-19 pour sa survie.

En effet, pour analyser nos hypothèses de recherche, nous avons fait recours au test de khi-deux de Pearson. Grâce à cette stratégie d'analyse, les données collectées sur le terrain valident nos deux hypothèses spécifiques (1 et 3). De ce fait, notre hypothèse principale est validée ainsi que les hypothèses spécifiques une et trois.

2-1/Impact de la Covid-19 sur le mode de vie de la population de N'Djamena

Dans le cadre de notre travail, nous avons formulé notre première hypothèse spécifique comme suit: La crise sanitaire de la Covid-19 a impacté le mode de vie de la population de N'Djamena en affectant sa santé, en changeant son mode d'alimentation, ses rapports sociaux, affectant l'éducation des enfants et jeunes, etc.

En effet, il était question pour nous de montrer l'impact de la crise sanitaire de la Covid-19 sur le mode de vie de la population de N'Djamena. Par impact de la crise sanitaire de la Covid-19 sur le mode de vie de la population de N'Djamena, nous entendons les impacts de la crise sur sa santé, sa nutrition, sur le transport, sur l'éducation des enfants, sur son travail, sur son revenu et enfin, sur sa relation en famille et en dehors de la famille.

Sur la santé, Mboua, Keubo et Fouaka (2021) à travers leur littérature nous ont fait savoir que la pandémie de la Covid-19 a entrainé 41,8% de taux d'anxiété et 42,8% de taux de dépression mentale chez les personnels de santé et les survivants dans les pays affectés. Nos données de terrain nous montrent qu'à N'Djamena, la capitale du Tchad, la Covid-19 a aussi entrainé 35,5% de taux de stress et 3% de taux de dépression au sein de la population de la ville de N'Djamena (Cf. graphique 7).

Dubost, Pollak et Rey (2020) dans leur littérature ont souligné que la Covid-19 a créé la peur, les troubles de sommeil, l'anxiété, la dépression, le stress, les problèmes de concentration et la tristesse. Nos données de terrain démontrent qu'à N'Djamena également, la pandémie a créé le problème de concentration (5%), la psychose (11%), la tristesse (11,5%) et le trouble de sommeil (1,5%).

Quant à Bouvernet et Boniebale (2020) qui stipule qu'elle a un effet délétère sur la santé mentale et a des prévalences des troubles d'humeur, de sommeil et anxieux; nos données de terrain confirment que même à N'Djamena, la Covid-19 a causé de troubles d'humeur (4%) et de sommeil (1,5%).

De même, en ce qui concerne le mode d'alimentation, UNHCR (2020) dans son rapport sur les réfugiés centrafricains au Cameroun, avait souligné qu'avant la pandémie, les enquêtés consommaient deux à trois repas par jour mais à l'heure de la Covid-19, ils éprouvent des difficultés et ne consomment plus comme ils le faisaient avant. Nos données de terrain démontrent qu'à N'Djamena, la Covid-19 a diminué le nombre de fois de consommation de repas. De ce fait, le pourcentage de ceux qui mangeaient trois fois par jour qui était de 49,5% avant la covid-19 est passé à 26% pendant la crise sanitaire de la Covid-19; de 1,5% le pourcentage de ceux qui mangeaient cinq fois par jour avant la Covid-19, on est passé à 0,5% pendant la crise (Cf. graphique 8 et graphique 9). Ce changement de mode d'alimentation résulte en partie de l'augmentation du prix des denrées alimentaires, des difficultés à payer les produits. Ce qui converge avec la littérature selon laquelle, la Covid-19 a entrainé des hausses de prix des denrées alimentaires (UNHCR, 2020).

Sur le transport, les études d'impacts socio-économiques de la Covid-19 au Tchad des Nations Unis Tchad et de la Banque mondiale (2020) nous ont fait savoir dans leur littérature que la Covid-19 a entrainé des pertes dans le secteur du transport aérien et terrestre. Elle a causé la réduction du nombre de passagers dans les taxis entrainant une hausse de prix de transport. Ce qui limite l'accès à une certaine catégorie. Nos résultats de terrain sur l'impact de la Covid-19 en ce qui concerne le transport, nous montre que la crise sanitaire a entrainé de difficultés à payer le transport rendant ainsi difficile le déplacement de la population dans la mesure il y a une augmentation du prix de transport. Ainsi, 72% de la population de N'Djamena ont de difficultés à payer le transport contre 28% qui n'éprouve pas de difficultés à payer le transport (Cf. tableau 3). Laquelle augmentation résulte des mesures prises par l'État pour contrecarrer la propagation de la pandémie. Il ressort ainsi de cette confrontation, une convergence entre la littérature et les réalités de terrain.

Sur l'éducation des enfants et jeunes, la littérature nous a fait savoir que l'arrêt des activités éducatives sur toute étendue du territoire augmenterait davantage le taux d'abandon déjà élevé et aggravera le phénomène de baisse de niveau (Nations Unies Tchad et Banque Mondiale, 2020). Nos données nous montrent que la fermeture des écoles à N'Djamena sur les enfants et jeunes, a effectivement aggravé la baisse de niveau dont le pourcentage est de 69% (Cf. graphique 10).

Sur le travail, PNUD (2020) à travers sa littérature nous a souligné que la pandémie a entrainé des pertes d'emplois et de revenus. Les données de terrain (Cf. graphique 11 et tableaux 4 et 5) montrent que la Covid-19 a effectivement causé la perte de travail dont le pourcentage est de 27% et la diminution de revenu dont le pourcentage est de 66%.

Sur la relation en famille et hors famille, les données de terrain montrent que la Covid-19 a rendu complexe les relations sociales. Elle entrainé des changements dans les rapports sociaux. Ces changements se traduisent par la distanciation sociale conséquence de la distanciation physique, la perte des valeurs culturelles, une nouvelle façon de vivre dans lequel se développe le chacun pour soi, des mésententes, des conflits, des séparations de couples et la stigmatisation à l'égard de ceux qui ont été infectés par le virus de la Covid-19.

2-2/Niveau d'adhérence de la population de N'Djamena face aux mesures prises par l'État pour contrecarrer la propagation de la pandémie

Notre hypothèse spécifique 2 émise est la suivante: La population de N'Djamena adhère aux mesures prises par l'État pour contenir la propagation de la pandémie de la Covid-19.

En effet, il était question de mesurer le niveau d'adhérence de la population de N'Djamena face aux mesures prises par l'État. L'on entend par niveau d'adhérence, les appréciations faites par la population aux sujets des mesures barrières. De ce fait, nous retenons de nos données de terrain deux points de vue essentiels: d'un côté ceux qui les apprécient et de l'autre côté, ceux qui ne les apprécient pas et qui ont développés des stratégies pour pouvoir les contourner. Les données de terrain nous montrent contrairement à notre hypothèse émise au départ, deux points de vue divergents (Cf. graphique 12 et tableaux 6, 7, 8, 9, 10, 11, 12 et 13).

En ce qui concerne le premier point de vue, il ressort qu'une partie de la population (4%) adhère à toutes les mesures prises. Pour cette partie de la population et plus particulièrement pour les femmes, les mesures barrières sont meilleures dans la mesure où elles permettent de protéger sa santé, renforcent les liens familiaux, elles permettent aux parents de passer beaucoup de temps avec les enfants. On retrouve en majorité ici, les femmes. Ces dernières les apprécient beaucoup et souhaitent qu'elles ne soient pas levées car elles leur ont permis de passer plus de temps avec leur mari qui ne restaient pratiquement pas à la maison avant la pandémie.

Quant au second point de vue, il en ressort clairement que les mesures barrières ne sont pas appréciées. De ce fait, leur pourcentage est de 96%. Elles ont provoqué des mécontentements et des colères. On retrouve en grande partie ici, les hommes. Pour ces derniers, ces mesures ne prennent pas en compte le bien-être de la population dans la mesure où leur épanouissement vient des activités qu'ils exercent tous les jours. Les interdire de sortir et arrêter leur activité reviennent à les empêcher de survivre, priver de leur droit et de leur bien-être physique et social. Ainsi, ils les trouvent contraignantes et anormales.

L'UNHCR (2020) a souligné qu'au Cameroun, les enquêtés envisagent braver les interdictions de déplacements pour exercer leurs activités agricoles et économiques. Les résultats de terrain montrent qu'à N'Djamena, la population a non seulement envisagé braver les interdictions mais elle l'a mis en pratique c'est-à-dire qu'elle a bravé les mesures en développant des stratégies qui lui ont aidé dans ce sens. Lesquelles stratégies ont consisté à éviter les lieux où il y a les forces de l'ordre (51%), faire semblant de porter le masque pour le remettre ensuite dans la poche (20%), courir dès qu'il y a un policier dès qu'elle aperçoit un policier (5%) et bien d'autres stratégies de contournements (3%) contre 21% qui les respectent totalement (Cf. graphique 13). Le non-respect de ces mesures lui a permis d'exercer ses activités quotidiennes et par là d'assurer sa survie.

Ainsi, les résultats de terrain infirme notre seconde hypothèse émise qui était: la population de N'Djamena adhère aux mesures prises par l'État pour contrecarrer la propagation de la pandémie. Le terrain reformule ainsi notre hypothèse de la manière suivante: la population n'adhère pas totalement aux mesures prises par l'État pour contrecarrer la propagation de la pandémie.

2-3/Stratégies de survie de la population de la ville de N'Djamena contre la crise sanitaire de la Covid-19

Au départ, nous avons formulé notre troisième hypothèse spécifique comme suit: La pratique des petits commerces, du clando, du jardinage, le préceptorat sont entre autre des stratégies mises en œuvre par la population de N'Djamena face à la crise sanitaire de la Covid-19 pour sa survie. Cette dernière hypothèse a été validée par les données de terrain analysées grâce au test de Khi-deux de Pearson.

En effet, les stratégies de survie sont les activités menées quotidiennement, les réponses à la crise qui prévaut. Les données de terrain après leur analyse nous montrent que face à cette crise, la population a manifesté une extraordinaire capacité de résistance par sa réponse. Ce qui nous amène à confirmer avec Garfinkel que les acteurs sociaux ne sont pas des idiots culturels mais des acteurs rationnels.

Avant l'arrivée de la pandémie, 1% de la population exerçait comme activité l'agriculture; 2%, l'artisanat; 3%, le métier de chauffeur; 5% pratiquait l'entreprenariat; 24%, le commerce; 5%, l'ingénierie; 17%, l'enseignement; 8%, la médecine; 2% faisait le ménage et 33% exerçait d'autres activités (Cf. graphique 14 et tableau 14, 15, 16, 17 et 18).

Pendant cette crise la population a développé des stratégies pour pouvoir s'y mettre à l'abri. Ces stratégies développées (Cf. graphique 15; tableaux 19 et 20 et figure 6 et 9) sont entre autre la pratique du commerce (30%), du clando (9%), du métier de chauffeur de taxi (1%), du jardinage (2%), la vente ambulante (2%), la vente à domicile (6%), la prière (18%), la vente des masques (4%) et 28% adopte d'autres stratégies de survie à savoir: la réduction de son niveau de vie, les petits commerces (Cf. figure 3), la pratique du métier de gérant (Cf. figures 4 et 5), du métier de pharmacien de la rue (Cf. figure 7), la pratique de la menuiserie (figure 8).

VI-3/Autres aspects du terrain

L'étude que nous avons menée sur le terrain, nous montre à travers les résultats, de nouveaux aspects.

En effet, sur le plan sanitaire, en plus de ces impacts, nos données de terrain nous montrent un nouvel impact, le suicide. La pandémie a développé chez 0,5% de la population de la ville de N'Djamena un sentiment suicidaire.

Sur le plan de l'alimentation ou de la nutrition, nos données de terrain nous démontrent que cet impact ne se traduit pas seulement par la diminution du nombre de fois de consommation de repas par jour mais également par une augmentation de nombre de fois de consommation de repas par jour (Cf. graphique 8 et graphique 9). Ainsi, le pourcentage de ceux qui mangeaient une fois par jour avant la covid-19 qui était de 10% est passé à 28% pendant la crise, soit une hausse de 18%, le pourcentage de ceux qui mangeaient deux fois par jour avant la pandémie qui était de 35% est passé à 41% pendant la crise, soit une hausse de 6% et enfin, le pourcentage de ceux qui consommaient quatre repas par jour qui était de 4% à 4,5% soit une hausse de 0,5%.

Sur les enfants et les jeunes, nos données de terrain nous montrent que la pandémie a permis la naissance d'autres phénomènes à savoir: le banditisme (3%), la grossesse (2%), la paresse (18%), la désobéissance (4%) et 4% d'autres impacts (Cf. graphique 11).

Sur le travail, les résultats de terrain (Cf. graphique 11 et tableaux 4) montrent que la Covid-19 a causé la réduction de salaire (12%), rendu mauvaises les conditions de travail (17%), rendu complexe les relations au lieu de travail (9%), baissé la production (22%) et a causé bien d'autres impacts (1%).

De plus, la crise a aussi impacté le revenu de la population de N'Djamena en causant 66% de taux de diminution de revenu (Cf. tableaux 5).

De tout ce qui précède, cette dernière partie de notre travail nous a permis de montrer l'implication des théories utilisées pour comprendre et expliquer notre sujet. Elle nous a aussi permis de montrer qu'effectivement la crise sanitaire de la Covid-19 a impacté le mode de vie de la population de N'Djamena. Il a servi à reformuler notre seconde hypothèse spécifique comme suit: la population de N'Djamena n'adhère pas totalement aux mesures barrières prises par l'État pour contrecarrer la propagation de la pandémie. Enfin, il nous a permis de montrer que la pratique du commerce, du métier de gérant, du clando, du jardinage, du métier de pharmacien de la rue, du métier de chauffeur de taxi, du métier de menuiserie, la vente à domicile, la vente ambulante, la vente des masques sont des stratégies mises sur pied par la population de N'Djamena pour survivre face à la crise.

CONCLUSION GENERALE

La crise sanitaire de la Covid-19 est une crise mondiale qui se traduit par des pertes humaines et le ralentissement de l'économie. Elle a brusqué, secoué et bouleversé tous les pays du monde. Ses effets diffèrent d'un pays à un autre, d'une ville à une autre et dépendent de la manière dont chaque pays a procédé pour se mettre à l'abri de la maladie. Au Tchad en général et à N'Djamena en particulier, cette crise est liée en grande partie aux mesures prises par l'État pour contenir la propagation de la pandémie.

Notre étude s'inscrit dans la logique de la recherche des solutions face à une crise sanitaire brusque, celle de la Covid-19. De ce fait, elle appréhende les capacités et les moyens de résistance de la population de la ville de N'Djamena face à la crise à travers ses stratégies de survie qui lui permettent de relever les défis auxquels elle est confrontée dans sa quotidienneté. A cet effet, portant sur les « **Stratégies de survie de la population de la ville de N'Djamena face à la crise sanitaire de la Covid-19** », notre réflexion se veut une sociologie de développement analysant les modes de vie de la population dans ce contexte marqué par la crise. Laquelle crise a suscité la capacité d'imagination, de créativité, d'innovation et de survie de la population de N'Djamena. Elle analyse aussi les effets des mesures prises par l'Etat tchadien dans le but de contenir la propagation de la pandémie de la Covid-19.

En effet, pour contenir la propagation de la pandémie, l'Etat tchadien a pris des mesures. Il s'agit de la fermeture des frontières aériennes et terrestres, du port de masque, du lavage des mains à l'eau et au savon ou avec du gel hydroalcoolique, de la distanciation physique, de l'arrêt de certaines activités, de la quarantaine, du couvre-feu, du confinement, de la limitation du nombre de personnes dans les bus, etc. Certes, l'on constate que ces solutions à la pandémie ont permis de la contenir mais malheureusement elles ont bouleversé le mode de vie de la population du Tchad en général et celle de la ville de N'Djamena en particulier. C'est ce qui a soulevé en nous des interrogations.

La question principale de notre étude est formulée de la manière suivante: Comment la population fait-elle face à la crise sanitaire de la Covid-19 pour sa survie? A cette question, l'hypothèse principale émise est: La population de la ville de N'Djamena fait face à la crise sanitaire de la Covid-19 en mettant sur pied des stratégies de survie à savoir: les petits commerces, le jardinage, le clando, le préceptorat, etc. L'objectif principal formulé est: d'expliquer la manière dont la population de N'Djamena fait face à la crise sanitaire de la Covid-19 pour sa survie.

Pour ce travail, nous avons fait recours à trois théories. Il s'agit de la sociologie dynamique de Georges Balandier, de l'analyse stratégique de Michel Crozier et de l'ethnométhodologie de Harold Garfinkel.

La Sociologie dynamique nous a permis d'identifier les facteurs endogènes (dynamiques du dehors) et les facteurs exogènes (dynamiques du dehors) de la crise sanitaire de la Covid-19 et de comprendre la situation difficile de la population comme le résultat de la rencontre des facteurs internes et externes issus chacun d'origines différentes. Elle nous a aussi servi à la compréhension des capacités de changements, de transformations sociales qui déterminent les sociétés du monde en général et la ville de N'Djamena en particulier. Enfin, elle nous a aidé à comprendre la capacité de créativité, d'imagination et d'innovation de la population de N'Djamena à s'ajuster à ce changement brusque qu'est la crise sanitaire de la Covid-19.

L'analyse stratégique quant à elle, nous a permis de considérer la population de la ville de N'Djamena comme un acteur « rationnel » dans la mesure où elle adopte des « stratégies » afin de préserver son intérêt qui est en « jeu » ou menacé par les mesures de contingence. Elle nous a aidé à la compréhension des comportements stratégiques développés par la population pour contourner les mesures de contingence prises par l'État et par là de lutter contre les effets de la crise qu'elle a engendrés. Puisque n'étant pas totalement contraintes par l'État et ses mesures, la population utilise des stratégies pour contourner ces mesures afin d'exercer ses activités quotidiennes qui, sont des stratégies de survie lui permettant de se mettre à l'abri de la crise. Elle a aussi permis de comprendre que l'État tchadien a des failles, des « zones d'ombres » et comment la population de la ville de N'Djamena les utilise (à son profit) pour atteindre son propre objectif.

L'ethnométhodologie pour sa part, nous a permis de comprendre la manière dont la population utilise ses savoirs pratiques ordinaires pour répondre à cette situation imposée par la crise. Elle nous amène à considérer les activités faites au quotidien en ce temps de crise par la population de N'Djamena comme des ethnométhodes, des mécanismes de ripostes endogènes face à la crise sanitaire de la Covid-19 et ainsi à la considérer comme un « acteur rationnel » et non comme un « idiot culturel ». Enfin, elle nous a permis de comprendre que c'est cette rationalité qui a fait que face aux bouleversements de sa quotidienneté, de son mode de vie, la population n'est pas restée passive attendant que les solutions viennent d'en haut, de l'extérieur mais au contraire, active par la pratique quotidienne des ethnométhodes, des activités tout en y donnant sens.

En outre, pour vérifier nos hypothèses de recherche émises au départ, nous avons fait recours à une approche de recherche pragmatique. Ce qui nous a conduit à l'utilisation de la méthode mixte et plus précisément à la méthode mixte séquentielle explicative. La collecte de nos données sur le terrain s'est faite grâce au questionnaire pour les données quantitatives et à l'entretien pour les données qualitatives.

Ces méthodes, techniques et outils de collecte des données nous ont permis d'aboutir aux résultats selon lesquels la crise sanitaire de la Covid-19 a une incidence réelle sur le vécu (de 82,5%) de la population de la ville de N'Djamena dans la mesure où elle a causé des pertes de travail (le chômage), diminué les revenus, entrainé des changements dans son mode d'alimentation (avec une augmentation du prix des denrées alimentaires, diminution et augmentation du nombre de repas par jour), difficultés à payer le transport avec l'augmentation du prix de transport, impacté l'éducation des enfants, changé les rapports sociaux. Les résultats de terrain nous montrent aussi que la population n'adhère pas totalement aux mesures prises par l'État pour contenir la pandémie (96% de la population n'y adhère pas et 4% y adhère) dans la mesure où elle les contourne pour pouvoir exercer son activité de tous les jours. Enfin, les résultats de terrain nous montrent que la population n'est pas restée passive devant les manifestations de la crise et surtout dans ce contexte où il faut se « battre pour survivre ». Elle se montre comme une « actrice » en initiant des activités, des ethnométhodes dont la pratique lui permet de répondre aux besoins et exigences du présent malgré les difficultés qu'elle rencontre dans ses mises en œuvre. Ces activités se traduisent dans notre travail en termes de stratégies de survie à savoir la pratique des petits commerces, le jardinage, le clando, la vente ambulante, la vente à domicile, la vente des masques, la prière, la pratique du métier de gérant de bar, du métier de pharmacien de la rue, du métier de chauffeur de taxi, du métier de menuiserie.

Nous n'avons pas la prétention de dire que cette recherche que nous avons eu à mener n'est pas sans faille car dit-on, « l'œuvre humaine n'est jamais parfaite ». A cet effet, notre travail présente quelques limites. Cette limite se situe dans un premier temps, au nombre de nos questionnaires administrés: 200 personnes et de nos entretiens réalisés: 20 personnes (de sexe confondus) ont constitué notre échantillon. Ce nombre est le résultat des mesures barrières et de la modestie de nos moyens financiers. Dans le second temps, notre limite se situe au niveau de notre champ d'investigations dans la mesure où nous avons investigué cinq (5) arrondissements sur les dix (10) que compte la ville de N'Djamena. Aussi, nous venons humblement mentionner que les stratégies de survie déployées par la population sont nombreuses mais nous n'avons mentionné que quelques-unes compte tenu du temps qui nous est imparti.

Après l'analyse des mesures de contingence prises par l'État pour contrecarrer la propagation de la pandémie, notre travail remet en cause la politique de l'État et de ses mesures inspirées par les dynamiques du « dehors ». Il propose donc une politique qui prend en compte la réalité tchadienne en général et de la ville de N'Djamena en particulier. Ainsi, cette étude dans un premier temps, se veut un cadre d'orientation des politiques publiques sanitaires en ce qui concerne la lutte, le contrôle et la gestion de la crise sanitaire au Tchad. Elle se propose de valoriser les savoirs et pratiques endogènes qui sont des facteurs essentiels et qui peuvent contribuer au développement économique et social du Tchad dans la mesure où l'homme est au centre du développement, c'est-à-dire qu'il est à la fois celui qui le pense, le conçoit; celui qui implémente cette logique de développement et enfin, il en est le bénéficiaire.

Enfin, cette étude apporte une explication à la crise sanitaire de la Covid-19 dont les effets ne cessent de prévaloir au Tchad à partir de ses origines au niveau mondial en général et tchadien en particulier. Elle montre la non-prise en compte de la réalité dans la mise en vigueur des mesures prises dans le cadre de la contingence de la pandémie. La population est mise devant les faits à accomplir, c'est-à-dire le respect strict des mesures. Ce qui a eu des effets inattendus sur la population et a bouleversé son mode de vie. L'essentiel n'est pas seulement de prendre des décisions, des mesures et de veiller à son application car *« On ne change pas la société par un décret »* (Crozier, 1979) mais également de chercher à savoir les impacts qu'elles causeraient et plus loin de préparer (psychologiquement) la population à y faire face. Ce qui limiterait ses impacts. C'est dans ce sens que cette étude se veut une orientation dans la prise des décisions en ce qui concerne la gestion de crise au Tchad. Elle apporte aussi une orientation dans le cadre des politiques pour une amélioration réelle des conditions de vie difficiles de la population tchadienne. Car l'on a observé que ces mesures sont prises et mises en vigueur sans une préparation psychologique de la population et celle-ci les trouve brusques, contraignantes et anormales. C'est ce qui a amené la population à user de tous les moyens et ressources possibles pour les contourner.

Ce travail pourra éventuellement servir de guide, de données secondaires, de cadre d'orientation aux recherches ultérieures.

REFERENCES BIBLIOGRAPHIQUES

OUVRAGES DE METHODOLOGIE

Balandier, Georges (1981), *Sens et Puissance*, Paris, PUF.

Bourdieu, Pierre (1980), *Le sens pratique*, Paris, Minuit.

Campenhoudt, Luc et Quivy, Raymond (2011), *Manuel de recherche en sciences sociales*, Paris, Dunod, 4ᵉ édition.

Combessie, Jean-Claude (2001), *La méthode en Sociologie*, Paris, La Découverte

Coulon, Alain (1987), *L'ethnométhodologie*, Paris, PUF.

Creswell, John Ward (2014), *Research design: qualitative, quantitative, and mixed methods approaches*, 4ᵗʰ edition thousand oaks, California, Sage.

Durkheim, Emile (1987), *Les Règles de la méthode sociologique*, Paris, PUF, 23ᵉ édition.

Ferréol, Gilles (2015), *Dictionnaire de Sociologie*, Paris, Armand Colin, 4ᵉ édition.

Grawitz, Madeleine (2001), *Methodes des sciences sociales*, Paris, Dalloz, 11ᵉ édition.

Livian, Yves (2015), *Initiation à la méthodologie de recherche en SHS: réussir sa mémoire ou thèse*, Centre Magellan-Université Jean Moulin-Lyon3.

OUVRAGES GENERAUX

Crozier, Michel (1963), *Le phénomène bureaucratique*, Paris, Seuil.

Crozier, Michel et Friedberg, Erhard (1977), *L'acteur et le système*, Paris, Seuil.

Latouche, Serge (1998), *L'autre Afrique. Entre don et marché*, Albin, Michel.

OUVRAGES SPECIFIQUES

Assogba, Yao (2004), *Sortir l'Afrique du gouffre de l'histoire. Le défi éthique du développement et de la renaissance de l'Afrique noire*, Québec, Presses de l'Université de Laval.

Ela, Jean-Marc (1998), *Innovations Sociales et renaissance de l'Afrique noire. Les défis du « monde d'en-bas »*, Paris, L'Harmattan.

Fodouop, Kengné (2015), *Le Cameroun. Jardin sacré de la débrouillardise*, Paris, L'Harmattan.

Yapi-Diahou, Alphonse (2020), *Cahier « COVID-19 au quotidien ». Témoignages et questionnements en Afrique subsaharienne*, 125p. hal-02859844

ARTICLES ET REVUES SCIENTIFIQUES

Badre, El Boussadani; Benajiba, Chakib et al. (2020), «La pandémie Covid-19: impact sur le système cardiovasculaire», In *Anales de Cardiologie et d'Angéiologie*, vol.69, Issue 3, pages 107-114.

Barrientos, Jaime; Guzman, Monica; Urzua, Alfonso; Ullao Osses, Francisco (2021), « L'impact psychosocial de la pandémie de COVID-19 sur les personnes LGBT au Chili », In *Sexologies,* vol.30, Issue 1, pages 34-41.

Chanchlani, Neil; Buchanan, Francine and Peter J. Gill (2021), « Les effets indirects de la COVID-19 sur la santé des enfants et des jeunes », In *Canadian Medical Association Journal*, vol.193, N°6, pages 229-236.

Conajero, Ismaël; Berrouiguet, Sofian; Ducasse, Deborah et al. (2020), « Epidémie de COVID-19 et prises en charge des conduites suicidaires: challenge et perspectives », In *L'Encéphale*, vol.46, Issue 3, supplément, pages 566-572.

Dinet, Jérôme et Passerault, Jean-Michel (2004), « Une approche centrée sur les usagers de la recherche documentaire informatisée », In *Revue Hermès*, n°39, Critique de la raison numérique, pages 83-97.

Dubost, Claire-Lise; Pollak, Catherine et Rey, Sylvie (2020), Les inégalités sociales face à l'épidémie de Covid-19. Etat des lieux et perspectives, DREES, n°62.

Francklin, Benjamin; Katiana, Jean et al., (2020), Covid-19: perception de la pandémie et de l'importance des gestes barrières par les marchandes de fruits et légumes de Port-au-Prince.

Giami, Alain (2020), « COVID-19 et sexualités: l'émergence d'un nouveau paradigme des sexualités », In *Sexologies*, vol.30, Issue 1, pages 1-7

Gindt, Morgane; Fernandez, Arnaud; Battista, Michèle et Askenazy, Florence (2021), « Conséquences psychiatriques de la pandémie de COVID-19 Chez l'enfant et l'adolescent. Psychiatric consequences of Covid-19 pandémic in the pediatric population », In *Neuropsychiatrie de L'enfance et de L'adolescence*, vol.69, N° 3, pages 115-120.

Gouvernet, Brice et Bonierbale, Mireille (2021), « Impact du confinement COVID-19 sur les Cognitions et émotions sexuelles », In *Sexologies*, vol.30, Issue 1, pages 8-21.

Mboua, Célestin Pierre; Siakam, Christian et Sobgoum, Nankem Zita (2021), « Impact de la Covid-19 sur la santé mentale des populations de la région de l'Ouest Cameroun », In *L'Information psychiatrique*, vol.97, Issue 1, pages 109-115.

Mboua, Celestin Pierre; Nguépy, Keubo et Ngueuteu, Fouaka (2021), « Anxiété et dépression associés à la prise en charge de la COVID-19 chez les personnels de la santé au Cameroun », In *Evolution psychiatrique*, vol. 86, n°1, pages 131-139

Ndinga, Mathias Marie Adrien (2021), « Les microentreprises féminines et la pandémie de COVID-19 à Brazzaville en République du Congo: simples stratégies ou innovations? » In *Revue Organisations et Territoires*, vol.30, n°1, pages 27-44.

Petricone, Francesco (2020), « Impacts sociaux mondiaux des stratégies de lutte contre la Covid-19 », In *The Tocqueville Review*, vol.41, Issue 2, pages 209-229.

Romelaer, Pierre (2005), « L'entretien de recherche » In *Management des ressources humaines: méthodes de recherche en sciences humaines et sociales*, pages 101-137 (Hal-00160028).

Tourette-Turgis, Catherine et Chollier, Marie (2021), « Modifications des modes de vie et impact psychosocial du confinement lié à la COVID-19 », In *Médecine des maladies métaboliques*, Vol.15, n°1, pages 40-44.

Wissam El Hage; Hingray, Coraline; Lemogne, Cédric et al. (2020), « Les professionnels de santé face à la pandémie de la maladie à coronavirus (COVID-19): quels risques pour leur santé mentale? », In *L'Encéphale*, vol.46, Issue 3, supplément, pages 73- 80.

MEMOIRES ET THESES

Ignafiné, Césaire (2020), *Contre-choc pétrolier et stratégies d'adaptation des fonctionnaires tchadiens dans la ville de N'Djamena*, mémoire de master en Sociologie, Université de Maroua.

Mahamat Ahmat Mahamat (2020), *Stratégies de sécurité alimentaire et lutte contre la faim en milieu rural: cas de la localité de Moussoro (Tchad)*, mémoire de master en Sociologie, Université de Maroua.

Nguezoumka Kebmaki, Vincent (2010), *L'approvisionnement des ménages en énergie dans la ville de N'Djamena: cas du troisième arrondissement*, mémoire de master en Géographie, Université de N'Gaoundéré.

RAPPORTS

Groupe de la Banque Mondiale (2020), Note sur la situation de l'économie et la pauvreté au temps de la Covid-19.

Nations Unies Tchad et Banque Mondiale (2020), Etude d'impact socio-économique de la Covid-19 au Tchad.

ONU-HABITAT (2020), La COVID-19 dans les villes africaines: impacts, ripostes et recommandations politiques.

Organisation des Nations Unies pour l'alimentation et l'agriculture (2020), Systèmes agricoles et alimentaires et la Covid-19 au Tchad. Effets, réponses politiques et implications à long terme.

Organisation des Nations Unies pour l'alimentation et l'agriculture (2020), Impact de la Covid-19 sur les travailleurs du secteur informel.

Organisation Mondiale de la Santé (2020), Nouveau coronavirus (COVID-19): conseils au grand public.

UNHCR (2020), les effets socioéconomiques de la Covid-19 sur la sécurité alimentaire et les moyens de subsistance des réfugiés centrafricains au Cameroun.

DECRETS ET ARRÊTES

Arrêté n°036/MDPDNSACVG/MIT/2020 du 6 mai 2020 conjoint portant réglementation des entrées, sorties et circulation dans la ville de N'Djamena en République du Tchad.

Décret n°499/PR/2020 du 2 avril portant instauration d'un couvre-feu dans les provinces du Logone Occidental, du Logone Oriental, du Mayo-Kebbi Ouest, du Mayo-Kebbi Est et dans la ville de N'Djamena.

Décret n°500/PR/2020 du 3 avril 2020 portant extension du couvre-feu à Mandelia, Logone-Gana et de N'Djamena-Farah à Guitté en République du Tchad.

WEBOGRAPHIE

Al-mardi, Charfadine (2020), « Tchad: voici la délimitation de la ville de N'Djamena », [en ligne], consulté le 27 mai 2021 à 14h51mn. URL: https://tchadinfos.com/tchad/tchad-voici-la-delimitation-de-la-ville-de-ndjamena/

Al-mardi, Charfadine (2021), « Coronavirus: la situation est extrêmement préoccupante dans la ville de N'Djamena », [en ligne], consulté le 28 mai 2021 à 08h19mn. URL: https://tchadinfos.com/tchad/coronavirus-la-situation-est-extremement-preoccupante-dans-la-ville-de-ndjamena-comite-de-gestion-de-crise-sanitaire/

Atrenviro (2016), « N'Djamena au Tchad et ses quartiers », [en ligne], consulté le 26 mai 2021 à 19h11mn. URL: https://atrenviro.pro/publication/articles/ville-de-ndjamena-quartiers/

Bissa (2020), « Généralités sur le Covid-19: qu'est-ce que c'est? », [en ligne], publié le 24 avril 2020 et consulté le 07 mai 2021 à 07h39mn. URL: https://www.cnps.cm/index.php/fr/a-propos/item/2390=generalites-sur-le-covid-19-qu-est-ce-que-c-est

Catherine-Anne et Husson-Traoré (2021), « Covid-19), [en ligne], consulté le 01 mai 2021 à 7h58mn. URL: https://www.novethic.fr/lexique/detail/covid-19.html

Creapharma (2021), « Covid-19: définitions, épidémiologie, causes et transmission, symptômes, diagnostic, traitement et prévention », [en ligne], mis à jour le 24 avril 2021, consulté le 27 avril 2021 à 22h31mn. URL: https://www.creapharma.ch/coronavirus.html

Dictionnaire Orthodidacte (2021), « Définition du mot Covid-19. Que veut dire le mot Covid-19 », [en ligne], consulté le 06 mai 2021 à 09h33mn. URL: https://dictionnaire.orthodidacte.com/article/definition-covid-19

Eclosio.ong (2021), « Covid-19: l'impact sur les populations les plus vulnérables», [en ligne], consulté le 09 mai 2021 à 19h24mn. URL: https://www.eclosio.ong/news/covid-19-limpact-sur-les-populations-les-plus-vulnerables/

Futura Santé (2021), « Définitions: Pandémie, Crise sanitaire », [en ligne], consulté le 08 mai 2021 à 16h00mn. URL: https://www.futura-scien ces.com/sante/definitions/pandemie-crise-sanitaire-19283

Gaspard, Claude (2019), « L'entretien de recherche: définition, utilisation, types et exemples » [en ligne], publié le 25 octobre 2019 et consulté le 21 février 2021 à 13h29mn. URL: https://www.scribb.fr/methodologie/entretien-recherche/

Kern, Julie (2020), « Covid-19: Symptômes, traitements et prévention pour éviter la propagation de la pandémie » [en ligne], consulté le 27 avril 2021 à 23h29mn. URL: https://www.futura-sciences.com/sante/definitions/coro navirus-covid-19-18585/

Kitenge, Yusuph Seleman (2020), « Mondialisation et Covid-19: Quel est l'impact sur l'économie africaine?», [en ligne], consulté le 09 mai 2021 à 17h 00mn. URL: https://www.un.org/africarenewal/fr/demi%C%A8re-heure/mondialisation-et-covid-19-quel-est-limpact-sur-1%C3%A9conomi e-africaine

Le journal des femmes (2020), « Pandémie: définition, différence avec une épidémie», [en ligne], consulté le 06 mai 2021 à 11h54mn. URL: https://san

tejournaldesfemmes.fr/fiches-maladies/2619795-pandemie-coronavirus-covid-19-defiition-signification-difference-epidémie-exemple-monde/

Medali, Dallys-Tom et Houndjo Donald, « Gouvernance et développement. Généralités sur le Covid-19 », [en ligne], publié le 26 juin 2020 consulté le 07 mai 2021 à 21h36mn. URL: https://beninfutur.org/?p=1730

Mouori, Daniel (2020), « Elections et Covid-19 en Afrique », [en ligne], publié le 18 mai 2020 et consulté le 30 mai 2021 à 15h30mn.URL: https://www.afri-ct.org/2020/thucyblog-n-37-elections-et-Covid-19-en-afrique

Moyou, Esther (2021), « Le coronavirus (COVID-19) -Faits et chiffres », [en ligne], publié le 26 avril 2021 et consulté le 01 mai 2021 à 7h38mn. URL: https://fr.statisca.com/themes/6050/lecoronavirus-covid-19/

OIT (2020), « Covid-19 et le monde du travail », [en ligne], consulté le 30 avril 2021 à 20h32mn. URL: https://www.ilo.org/global/topics/coronavirus/lang-fr/index.htm

Passeport: Coronavirus: d'où vient la covid-19? », [en ligne], consulté le 25 mai 2021 à 13h02mn https://www.passeportsante.net/fr/Actualités/Dossiers/Fiche.aspx?doc=coronavirus-d-ou-vient-le-covid-19

PNUD (2020), « COVID-19: la pandémie. Leadership et solidarité sont ce dont l'humanité a besoin pour vaincre COVID-19 » [en ligne], consulté le 30 avril 2021 à 11h30mn, URL: https://www.undp.org/content/undp/fr/home/coronavirus.html

PopulationData.net, « Palmarès-Pays et territoires du monde », [en ligne], consulté le 27 mai 2021 à 12h51mn https://www.populationdata.net/pays/tchad/amp

Ressources santé (2021), « COVID-19: description, causes, symptômes et complications, diagnostic, traitement et prévention » [en ligne], consulté le 27 avril 2021 à 22h17mn. URL: https://ressourcesante.salutbonjour.ca/condition/getcondition/covid-19

Roy, Marie (2020), « Coronavirus: le récit d'une épidémie », [en ligne], publié le 17 février 2020 et consulté le 30 mai 2021 à 16h02mn. URL: https://www.afri-ct.org/2020/thucyblog-n-11-coronavirus-le-récit-dune-epidemie

Santé journal des femmes (2020), « Pandémie: définition, différence avec une épidémie », [en ligne], consulté le 06 mai 2021 à 11h54mn. URL: https://santejournaldesfemmes.fr/fiches-maladies/2619795-pandemie-cor onavirus-covid-19-defiition-signification-difference-epidémie-exemple-monde/

Santé Journal des femmes (2020), « C'est quoi un coronavirus: origine, nom, mutation et symptômes », [en ligne], mis à jour le 08 septembre 2020 à 15h17mn et consulté 27 avril 2021 à 23h12mn. URL: https://sant e.journaldesfemmes.fr/fiches-maladies/2607859-definition-signification-famille-coronavirus-origine-nom-virus-symptome-incubation-traitement-transmission

Worldometers (2021), « Coronavirus Cases », [en ligne], mis à jour le 9 Septembre 2021 et consulté le 20 septembre 2021 à 00h34mn. URL: https://www.worldometers.info/coronavirus

ANNEXES

Questionnaire Anonyme N°...

Préambule:

Dans le cadre de la rédaction de notre mémoire de recherche à l'Université de Maroua (UMa), nous menons une étude sur les stratégies de survie de la population de la ville de N'Djamena face à la crise sanitaire de la Covid-19. Nous vous garantissons la confidentialité et vous rassurons que les données collectées seront utilisées à des fins strictement scientifiques. Ainsi, nous vous remercions d'avance pour votre contribution à notre étude.

SECTION A: DONNEES SOCIO-DEMOGRAPHIQUES

Q1-SEXE

1-Masculin ☐   2-Feminin ☐

Q2-Dans quelle tranche d'âge situez-vous?

1/Moins de 20 ans ☐ 2/ 21 - 26 ans ☐ 3/ 27 - 32 ans ☐   4/ 33 - 38 ans☐   5/ 39 - 44 ans ☐   6/ 45 - 50 ans ☐   7/ 51 - 56 ans ☐   8/ 57 ans et plus ☐

Q3-Comment s'appelle votre quartier?

1- Achawayil ☐   2-Angabo☐   3-Allaya ☐   4-Ambassatna ☐   5-Ambatta ☐ 6-Amsinéné ☐ 7-Am-Riguebé ☐ 8-Amtoukoui ☐ 9-Ardeb-Timan ☐   10-Ardep Djoumal ☐   11-Atrone ☐ 12-Blabine ☐ 13-Bololo ☐ 14-Boutalgara ☐ 15-Chagoua ☐   16-Champ de Fils ☐   17-Dembé ☐   18-Djaballiro ☐ 19-Djambalbarh ☐   20-Djougoulier ☐   21-Djamba Ngato ☐   22-Diguel ☐ 23-Digangali ☐ 24-Farcha☐ 25-Fondoré ☐ 26-Gassi ☐ 27-Gaoui ☐   28-Gardolé 1 ☐ 29-Gardolé 2 ☐ 30-Guimeye ☐ 31-Goudji ☐   32-Goudji-Charffa ☐   33-Gozator ☐   34-Habena ☐   35-Hillé Houdjaj ☐ 36-Kabalaye ☐   37-Kabé ☐   38-Karkandjeri ☐ 39-Kilwiti ☐ 40-Klémat ☐ 41-Kourmanadji☐ 42-Lamadji ☐ 43-Machaga ☐ 44-Madjorio ☐   45-Mardjandaffac ☐   46-Massil Abcoma ☐ 47-Milezi ☐ 48-Moursal ☐   49-Naga I ☐ 50-Naga II ☐ 51-Ndjari ☐ 52-Ngoumna ☐ 53-Ngueli ☐   54-Ouroula ☐ 55-Paris-Congo ☐ 56-Repos ☐ 57-Ridina ☐ 58-Sabangali ☐ 59-Toukra ☐ 60-Sadjeri ☐ 61-Walia ☐ 62-Zaffaye–Est ☐   63-Zaffaye-Ouest ☐ 64-Zaraf ☐

Q4- Quelle est votre appartenance religieuse?

1-Catholique ☐   2-Protestante ☐   3-Musulmane ☐   4-Animiste ☐
5- Pentecôtiste ☐   6- Sans religion ☐ 7- Autre (s) à préciser: ....

Q5-Quelle est votre région d'origine?

1-Bahr el Gazelle ☐ 2-Batha ☐ 3-Borkou ☐ 4-Chari-Baguirmi ☐ 5-Ennedi
Est ☐6-Ennedi Ouest ☐ 7-Guéra ☐ 8-Hadjer-Lamis ☐ 9-Kanem ☐ 10-
Lac ☐ 11-Logone Occidental ☐ 12-Logone Oriental ☐ 13-Mandoul ☐
14-Mayo-Kebbi Est☐ 15-Mayo-Kebbi Ouest ☐ 16-Moyen-Chari☐ 17-
NDjamena ☐ 18-Ouaddaï ☐ 19-Salamat ☐ 20-Sila ☐ 21-
Tandjilé ☐ 22-Tibesti ☐ 23-Wadi Fira ☐

Q6- Quel est votre statut matrimonial?

1-Célibataire ☐   2-Marié(e) ☐   3-Divorcé(e) ☐   4-Veuf(ve) ☐

Q7-A quel type de famille appartenez-vous?

1-Nucléaire ☐   2- Monoparentale ☐   3-Recomposée ☐   4-
Adoptive ☐   5- Etendue   ☐

Q8-Combien d'enfants avez-vous?

1/0 Enfant ☐ 2/ 1 - 3 enfants ☐ 3/ 4- 6 enfants ☐ 4/7- 9 enfants ☐ 5/10 et plus
☐

Q9-Quel est votre niveau d'instruction?

1-Primaire ☐   2- Secondaire ☐   3-Supérieur ☐   7-Sans instruction ☐

Q10-Quelle est votre profession?

1-Agriculteur ☐ 2-Artisant ☐   3- Chauffeur ☐   4- Chef d'entreprise ☐
5-Commerçant ☐ 6-Ingénieur ☐ 7-Enseignant ☐ 8-Employé☐   9-
Médecin ☐ 10- Ménagère ☐ 11-Ouvrier ☐ 12- Retraité ☐   13-
Sans emploi ☐   14-Autre (s) à préciser:..................

Q11-Quel est votre revenu (Combien gagnez-vous)?

1/ Moins de 20 000 ☐   2/ 21 000–71 000 ☐   3/72 000-122 000 ☐   4/ 123 000–173 000 ☐   5/ 174 000–224 000 ☐   6/ 225 000–275 000 ☐
7/ 276 000–326 000 ☐   8/ 327 000 et plus ☐   9/ Aucun revenu   ☐

SECTION B: EFFETS DE LA COVID-19

Q12-Selon vous, la Covid-19 existe-t-elle?

1-Oui ☐   2-Non ☐   3-Je ne sais pas ☐

Q13- A-t-elle des impacts?

1-Oui ☐   2-Non ☐   3-Je ne sais pas ☐

Q14-Combien de personnes dans votre famille ont été infectées par le virus de la Covid-19 et sont guéries par la suite?

1/ 0 personne ☐   2/ 1-3 personnes ☐   3/ 4-6 personnes ☐   4/ 7-9 personne   ☐   5/ 10-12 personnes ☐   6/ 13 personnes et plus ☐

Q15-Après leur guérison, quelles séquelles présentent-elles?

1-Peur ☐   2-Stress ☐   3-Trouble mentale ☐   4-Dépression ☐   5-Aucune ☐   6-Autre (s) à préciser:………………………..

Q16-Combien de personnes sont mortes dans votre famille à cause de la Covid-19?

1/ 0 personne   ☐   2/ 1- 3 personnes ☐   3/ 4- 6 personnes ☐
4/ 7-9 personnes ☐   5/ 10-12 personnes ☐   6/ 13 personnes et plus ☐

Q17-Avez-vous été infecté par le virus de la Covid-19?

1-Oui ☐   2-Non ☐

Q18-Quel sentiment la Covid-19 a créé chez vous?

1- Stress ☐   2-Dépression ☐   3-Problème de concentration ☐
4- Psychose ☐ 5-Suicide ☐ 6-Tristesse ☐ 7-Trouble de sommeil ☐   8-Trouble d'humeur ☐ 9-Aucun ☐ 10-Autre (s) à préciser:……………………

Q19-Combien de repas consommez-vous par jour avant la pandémie?

1-Une fois ☐ 2-Deux fois ☐ 3-Trois fois ☐ 4-Quatre fois ☐ 5-Cinq fois ☐

Q20-Combien en consommez-vous pendant cette pandémie de la Covid-19?

1-Une fois ☐ 2-Deux fois ☐ 3-Trois fois ☐ 4-Quatre fois ☐ 5-Cinq fois☐

Q21-Quel produit alimentaire avez-vous de la peine à payer en ce temps de Covid-19?

1-Poisson frais ☐ 2-fruit ☐ 3-Viande ☐ 4-Huile ☐   5-Légumes ☐   6-Aucun ☐   7-Autre (s) à préciser:……………………

Q22-Arrivez-vous à payer le transport comme vous le faites avant l'arrivée de la Covid-19?

1-Oui ☐   2-Non ☐

Q23-Si non, que faites-vous pour résoudre le problème d'augmentation des prix de bus?

1-En faisant le trajet à pied ☐ 2-En s'y soumettant ☐   3-Utilisant nos transports personnels ☐ 4-Autre à préciser:………………………

Q24-Comment la fermeture de l'école a impacté les enfants?

1-Baisse de niveau ☐ 2-Banditisme☐   3- Grossesse ☐   4- Paresse ☐ 5-Désobeïsance ☐   6-Aucun ☐   7-Autre (s) à préciser:………………………

Q25- Comment la Covid-19 a impacté votre relation avec les autres?

1-Positivement ☐   2-Négativement ☐   3- pas d'impact ☐

SECTION C: NIVEAU D'ADHERENCE DE LA POPULATION DE LA VILLE DE N'DJAMENA

Q26-Parmi ces mesures mises en place par l'Etat quelles sont celles auxquelles vous n'adhérez pas?

1-Port du masque ☐ 2-Distanciation physique ☐ 3-Confinement ☐ 4-Couvre-feu☐   5-Fermeture des frontières ☐ 6-Quarantaine ☐ 7-Arrêt des activités ☐   8-Interdiction de se regrouper pour des cérémonies festives ☐

9-Limitation du nombre de personnes dans les bus commerciaux ☐
10-Mesures restrictives liées à la mobilité ☐ 11-
Lavage des mains à l'eau et du savon ☐ 12-Adhésion totale
☐

Q27-Comment faites-vous pour contourner ces mesures vues que vous n'y adhérez pas?

1-En évitant les lieux où il y a les forces de l'ordre ☐ 2-
En faisant semblant de porter le masque et après on la met dans la poche ☐
3-En courant dès qu'on aperçoit un policier ☐ 4-Respect total
☐ 5-Autre (s) à
préciser:..

Q28-Portez-vous le masque?

1-Toujours ☐ 2-Souvent ☐ 3-Jamais ☐

Q29-Combien de fois avez-vous été mis en quarantaine?

1-Une fois ☐ 2-Deux fois ☐ 3-Trois fois et plus ☐ 4-Jamais ☐

Q30-Comment la Covid-19 a impacté votre travail?

1-Perte du travail ☐ 2-Reduction de salaire ☐ 3-
Mauvaises conditions de travail ☐ 4-Complexité de relation au lieu du travail
☐ 5-Baisse de production ☐ 6-Pas d'impact ☐ 7-
Autre (s) à préciser:.......................... ....

Q31-Si vous avez perdu votre travail, que faites-vous pour survivre?

1-Dépendance ☐ 2-Réduction du nombre de fois de consommation par jour ☐

3-Aide des membres de la famille ☐ 4-Non prise en compte de la qualité du
repas ☐ 5-Exercise d'une activité génératrice de revenu ☐ 6- Aucune perte ☐
7-Autre (s) à
préciser:...

Q32-Pendant cette pandémie, le revenu de votre activité a-t-il diminué?

1-Oui ☐ 2-Non ☐ 3-Je ne sais pas ☐

Q33-De combien a-t-il diminué?

....

SECTION D: STRATEGIES DE SURVIE DE LA POPULATION DE N'DJAMENA FACE A LA CRISE SANITAIRE DE LA COVID-19

Q34-Quelle activité pratiquez-vous avant la Covid-19?

1-Agriculture ☐ 2-Artisanat ☐ 3- Chauffeur ☐ 4-Entreprenariat ☐
5- Commerce ☐ 6- Ingénierie ☐ 7- Enseignement ☐ 8- Médecine ☐ 9-
Ménage☐ 10-Autre à préciser:...

Q35-Quelle stratégie avez-vous mis en place pour survivre ou vous mettre à l'abri de la crise sanitaire de la Covid-19?

1-Commerce ☐ 2-Clando ☐ 3-Chauffeur de taxi ☐ 4-Jardinage ☐
5-Préceptorat ☐ 6-vendeur ambulant ☐ 7-Vente des masques ☐ 8-
vente à domicile ☐ 9-Prière ☐ 10-Rien ☐ 11-Autre (s) à
préciser.................................

Q36-A quoi vous sert l'argent que vous gagnez de la pratique de ces activités?

1-Payer la nourriture ☐ 2-Payer le loyer ☐ 3-Prendre soin de la santé ☐
4-Payer la facture ☐

Guide d'entretien adressé à la population de N'Djamena

Bonjour Monsieur/Madame!

Vous avez été choisi comme personne ressource pour un entretien relatif à notre travail de recherche. En effet, dans le cadre de notre formation en Master en Sociologie: option population et développement, nous menons une recherche sur les stratégies de survie de la population de la ville de N'Djamena face à la crise sanitaire Covid-19. L'objectif consiste à identifier les différentes stratégies de survie de la population dans ce contexte marqué par la crise sanitaire de la Covid-19. Pour cette raison, merci de nous accorder quelques minutes de votre temps. Nous souhaitons avec votre permission enregistrer cette conversation et nous vous garantissons la stricte confidentialité et l'anonymat car les informations que vous allez nous fournir ne seront utilisées que dans ce cadre académique.

MODULE I: Identification de l'informateur

1- Le sexe

2- Quel âge avez-vous s'il vous plaît?

3-Quelle est votre appartenance religieuse?

4- Quelle est votre région d'origine?

5- Quelle est votre situation matrimoniale?

6-A quel type de famille appartenez-vous?

7-Combien d'enfants avez-vous?

8-Quel est votre niveau d'instruction?

9-Quelle est votre profession?

10- Quel est votre revenu salarial?

MODULE II: Effets de la crise sanitaire de la Covid-19 sur le mode de vie de la population de la ville de N'Djamena

1-Selon vous, la Covid-19 existe-t-elle?

2-A-t-elle des impacts?

3-Combien de personnes ont été infectées par le virus de la Covid-19 dans votre famille?

4-Après leur guérison, quelles séquelles présentent-elles?

5-Combien de personnes sont mortes dans votre famille suite à la Covid-19?

6-Avez-vous été infecté par le virus de la Covid-19?

7-Quel sentiment cette pandémie a créé chez vous?

8-Combien de repas consommez-vous par jour avant la pandémie?

9-Combien en consommez-vous pendant cette pandémie?

10-Quel produit alimentaire avez-vous de la peine à payer?

11-Arrivez-vous à payer le transport comme vous le faites avant?

12-Si non, que faites-vous pour résoudre ce problème d'augmentation des prix de bus?

13-Comment la fermeture de l'école a impacté les enfants?

14-Compte tenu des déséquilibres causés par cette crise sanitaire, comment sont devenues vos relations en famille et hors famille (les autres personnes)?

MODULE III: Niveau d'adhérence de la population de la ville de N'Djamena face aux mesures prises par l'État pour contenir la propagation de la pandémie.

1-Parmi les mesures prises par l'État pour contenir la propagation de cette pandémie, quelles sont celles auxquelles vous n'y adhérez pas?

2-Comment faites-vous pour contourner ces mesures, vues que vous n'y adhérez pas?

3-Portez-vous le masque?

4-Combien de fois ou à quelle fréquence le portez-vous?

5-Avez-vous été mis en quarantaine?

6-Si oui, combien de fois?

7-Comment la Covid-19 a impacté votre travail?

8-Pendant cette pandémie, le revenu de votre activité a-t-il diminué?

MODULE IV: Stratégies de survie de la population de la ville de N'Djamena face à la crise sanitaire de la Covid-19 et son efficacité

1-Avez-vous perdu votre travail?

2-Quelle activité exercez-vous avant l'arrivée de la pandémie de la Covid-19?

3-Et avec l'arrivée de la crise sanitaire, exercez-vous d'autres activités?

4-Si oui, dans quel domaine et quel type d'activité exercez-vous?

5-L'activité que vous pratiquez, vous permet-elle de surmonter les effets de la crise?

6-Quel est l'apport de cette activité dans l'amélioration de votre condition de vie?

7-Pensez-vous que cette activité est efficace et satisfaisante?

8-Cette activité est-elle rentable et vous permet-elle de subvenir à vos besoins et ceux de la famille?

9-Entre cette nouvelle activité et celle d'avant la crise, laquelle des deux vous aide le mieux?

10-Est-ce que vous passez plus de temps dans ces activités?

11-Si oui, pourquoi?

12-Que feriez-vous si la situation actuelle persiste?

Merci pour le temps accordé et pour les informations!

Guide d'entretien adressé aux responsables de la santé

Bonjour Monsieur!

Vous avez été choisi comme personne ressource pour un entretien relatif à notre travail de recherche. En effet, dans le cadre de notre formation en Master en Sociologie: option population et développement, nous menons une recherche sur les stratégies de survie de la population de la ville de N'Djamena face à la crise sanitaire de la Covid-19. Pour cette raison, merci de nous accorder quelques minutes de votre temps. Nous souhaitons avec votre permission enregistrer cette conversation et nous vous garantissons la stricte confidentialité et l'anonymat car les informations que vous allez nous fournir ne seront utilisées que dans un cadre académique.

1-Quelle fonction exercez-vous dans cet hôpital?

2- Depuis combien de temps travaillez-vous dans cet hôpital?

3-Quel type de malades accueillez-vous?

4- Quels symptômes présentent les malades de la Covid-19?

5-Quels soins administrez-vous aux malades de la Covid-19?

6-Quels sont les médicaments qui ont été efficaces dans le traitement de la Covid-19?

7-Quels sont les modes d'administration?

8-Combien de jours faut-il pour un traitement efficace?

9-A quel moment peut-on considérer ces malades comme hors danger?

10- Combien de malades ont été hospitalisés dans cette structure?

11-Nous avons eu à constater que ces malades une fois guéris, sont stigmatisés par leur entourage. Ainsi, à votre niveau avez-vous prévu un système d'accompagnement pour leur réinsertion sociale?

Merci pour le temps accordé et pour les informations!

Guide d'entretien adressé aux malades de la Covid-19

Bonjour Madame /Monsieur!

Vous avez été choisi comme personne ressource pour un entretien relatif à notre travail de recherche. En effet, dans le cadre de notre formation en Master en Sociologie: option population et développement, nous menons une recherche sur les stratégies de survie de la population de N'Djamena face à la crise sanitaire de la Covid-19. L'objectif consiste à identifier les différentes stratégies de survie de la population dans ce contexte marqué par la crise sanitaire de la Covid-19. Pour cette raison, merci de nous accorder quelques minutes de votre temps. Nous souhaitons avec votre permission enregistrer cette conversation et nous vous garantissons la stricte confidentialité et l'anonymat car les informations que vous allez nous fournir ne seront utilisées que dans ce cadre académique.

1-Avez-vous été testé positif à la Covid-19?

2-Comment avez-vous été infecté par cette maladie?

3-Quels sont les symptômes que vous avez présentés?

4-Les soins que vous avez reçu, vous ont-ils été efficace?

5-Combien de jours avez-vous passé à l'hôpital?

6-Après votre guérison, avez-vous été stigmatisé par votre entourage?

7-Si oui, comment?

8-Avez-vous été accompagné (psychologiquement) pour votre réinsertion sociale?

Merci pour le temps accordé et pour les informations!

www.ingramcontent.com/pod-product-compliance
Lightning Source LLC
Chambersburg PA
CBHW050511280326
41932CB00014B/2281

*9 7 9 8 8 8 6 7 6 0 1 5 6 *